Stefan Kürle

Die Zehn Gebote

Uralt, bewährt und erstaunlich aktuell

Konzeption und Text: Stefan Kürle
Lektorat: Susanne Baum

Bibeltexte sind entnommen der Neuen Genfer Übersetzung:
Neues Testament und Psalmen. Copyright © 2011 Genfer Bibelgesellschaft Romanel-sur-Lausanne, Schweiz; Sprüche © 2015 Deutsche Bibelgesellschaft, Stuttgart
Genesis u. Exodus. Copyright © 2019 Deutsche Bibelgesellschaft, Stuttgart; Brunnen Verlag GmbH Gießen
Leviticus, Numeri, Deuteronomium. Copyright © 2021 Genfer Bibelgesellschaft, Romanel-sur-Lausanne, Schweiz; Brunnen Verlag GmbH Gießen

Weitere verwendete Übersetzung:

ELB: Elberfelder Bibel 2006, © 2006 SCM R.Brockhaus in der SCM Verlagsgruppe GmbH, Holzgerlingen (www.scm-brockhaus.de)

Quellennachweis:

S. 26, Frage 2 zum Austausch: Kurt Marti, Werkauswahl in fünf Bänden
© 1996 Nagel & Kimche in der MG Medien Verlags GmbH, München

Umschlagmotiv: Adobe Stock
Umschlaggestaltung: Annika Mengel
Satz: DTP Brunnen
Herstellung: Basse Druck, Hagen
ISBN 978-3-7655-0819-6

www.brunnen-verlag.de

Inhalt

Verzeichnis der Abkürzungen

Altes Testament

1 Mo	Das erste Buch Mose
2 Mo	Das zweite Buch Mose
3 Mo	Das dritte Buch Mose
4 Mo	Das vierte Buch Mose
5 Mo	Das fünfte Buch Mose
Jos	Das Buch Josua
Ri	Das Buch über die Richter
Ruth	Das Buch Ruth
1 Sam	Das erste Buch Samuel
2 Sam	Das zweite Buch Samuel
1 Kön	Das erste Buch über die Könige
2 Kön	Das zweite Buch über die Könige
1 Chr	Das erste Buch der Chronik
2 Chr	Das zweite Buch der Chronik
Esra	Das Buch Esra
Neh	Das Buch Nehemia
Est	Das Buch Esther
Hiob	Das Buch Hiob
Ps	Die Psalmen
Spr	Die Sammlung der Sprüche
Pred	Der Prediger Salomo
Hld	Das Hohelied
Jes	Der Prophet Jesaja
Jer	Der Prophet Jeremia
Klgl	Die Klagelieder
Hes	Der Prophet Hesekiel
Dan	Der Prophet Daniel
Hos	Der Prophet Hosea
Joel	Der Prophet Joel
Am	Der Prophet Amos
Ob	Der Prophet Obadja
Jona	Der Prophet Jona
Mi	Der Prophet Micha
Nah	Der Prophet Nahum
Hab	Der Prophet Habakuk
Zef	Der Prophet Zefanja
Hag	Der Prophet Haggai
Sach	Der Prophet Sacharja
Mal	Der Prophet Maleachi

Neues Testament

Mt	Das Evangelium nach Matthäus
Mk	Das Evangelium nach Markus
Lk	Das Evangelium nach Lukas
Joh	Das Evangelium nach Johannes
Apg	Die Apostelgeschichte
Röm	Der Brief des Paulus an die Christen in Rom
1 Kor	Der erste Brief des Paulus an die Christen in Korinth
2 Kor	Der zweite Brief des Paulus an die Christen in Korinth
Gal	Der Brief des Paulus an die Christen in Galatien
Eph	Der Brief des Paulus an die Christen in Ephesus
Phil	Der Brief des Paulus an die Christen in Philippi
Kol	Der Brief des Paulus an die Christen in Kolossä
1 Thess	Der erste Brief des Paulus an die Christen in Thessalonich
2 Thess	Der zweite Brief des Paulus an die Christen in Thessalonich
1 Tim	Der erste Brief des Paulus an Timotheus
2 Tim	Der zweite Brief des Paulus an Timotheus
Tit	Der Brief des Paulus an Titus
Phlm	Der Brief des Paulus an Philemon
Hebr	Der Brief an die Hebräer
Jak	Der Brief des Jakobus
1 Petr	Der erste Brief des Petrus
2 Petr	Der zweite Brief des Petrus
1 Joh	Der erste Brief des Johannes
2 Joh	Der zweite Brief des Johannes
3 Joh	Der dritte Brief des Johannes
Jud	Der Brief des Judas
Offb	Die Offenbarung an Johannes

Fragen zu diesem Kurs

Zielsetzung

1. Worum geht es in diesem Kurs? Um drei Ziele, die alle wichtig sind:

a. Nahrung für die Seele. – „Der Mensch lebt nicht vom Brot allein, sondern von dem Wort, das Gott spricht." In seinem Wort stellt Gott sich uns vor. Hier können wir ihn kennenlernen. Wer mehr über Gott und den christlichen Glauben erfahren will, muss sich mit der Bibel beschäftigen. Wer als Christ im Glauben wachsen will, muss sich aus dem Wort Gottes „ernähren".

b. Gemeinschaft. – Im Gespräch über Glaubensfragen und Lebenserfahrungen kommen wir einander näher und können zu einer Gemeinschaft zusammenwachsen, in der man sich im Alltag und im Glauben gegenseitig trägt und unterstützt.

c. Wachstum. – Dieser Kurs wendet sich auch an Menschen, die bisher mit dem christlichen Glauben noch wenig in Berührung gekommen sind. Wenn Sie immer wieder andere zu Ihren Treffen einladen, kann die Gruppe wachsen, bis eine Teilung nötig wird. Beide neuen Kreise sollen ebenso wachsen, bis sie zu groß sind und sich teilen – und so weiter.

Teilnehmer

2. Für wen soll dieser Gesprächskreis sein?

- Für Menschen, die Fragen an das Leben haben und wissen möchten, ob der christliche Glaube ihnen weiterhelfen kann.
- Für Menschen, die sich – neu oder wieder – intensiver mit dem christlichen Glauben beschäftigen wollen.
- Für Menschen, denen Kirche und Glauben fremd geworden sind, die aber nach einem neuen Zugang zum Glauben suchen.
- Für Christen, die die Bibel besser kennenlernen und tiefer verstehen wollen.
- Für Menschen, die im Gespräch über Glaubensfragen und im Gebet füreinander in ihrem Glauben wachsen möchten.
- Für Menschen, die mit Schwierigkeiten und Problemen zu kämpfen haben und eine Gruppe suchen, die Unterstützung und Zusammenhalt bieten kann.

Der erste Schritt

3. Wie sollen wir anfangen? Machen Sie sich eine Liste mit den Namen, die Ihnen jetzt als mögliche Teilnehmer einfallen. Hängen Sie die Liste an einen Platz, an dem Ihr Blick immer wieder einmal darauffällt. Lassen Sie sie dort, bis Sie alle, die Sie auf Ihrer Liste notiert haben, gefragt haben, ob sie Interesse an einem solchen Gesprächskreis haben.

Das erste Treffen

4. Was geschieht beim ersten Treffen? Sie lernen einander als neue Gruppe kennen bzw. begrüßen neue Mitglieder, wenn Ihre Gruppe schon länger besteht. Sie sprechen über Ihre Erwartungen an diesen Kurs und vereinbaren „Spielregeln", die in der Gruppe gelten sollen.

Spielregeln

5. Wie entsteht die Vereinbarung über die Spielregeln? Sprechen Sie über die nachfolgenden Fragen und notieren Sie die Punkte, bei denen Sie Einigung erzielen. So können Sie am Ende des Kurses gut beurteilen, ob Sie Ihre Ziele erreicht haben.

- Was ist der Zweck Ihrer Treffen?
- Wie oft wollen Sie sich treffen? (Dieser Kurs bietet Ihnen Gesprächsanregungen für 10 Treffen. Wenn Sie danach weiterhin zusammenkommen wollen, verlängern Sie einfach Ihre Abmachung.)
- Wo wollen Sie sich treffen?
- Um welche Uhrzeit sollen die Treffen beginnen und wie lange sollen sie dauern?
- Welchen Rahmen wollen Sie Ihren Treffen geben? Soll es Getränke und etwas zum Knabbern geben? Wer ist dafür zuständig?

Hilfreich ist es, wenn Sie außerdem **Regeln für das Gespräch in der Gruppe** vereinbaren. Dazu könnten folgende Vereinbarungen gehören:

- Was in diesem Kreis gesagt wird, ist vertraulich und wird nicht nach außen getragen.
- Wir reden nicht übereinander, sondern miteinander.
- Gesprächsbeiträge werden nicht bewertet; jeder Teilnehmer wird mit seiner Meinung ernst genommen.
- Es gibt keine „unmöglichen" Positionen. Wenn es Meinungsunterschiede gibt, begründet jeder seine eigene Sicht.

- ______________________________
- ______________________________
- ______________________________

Sie können ergänzen, was Ihnen sonst noch für Ihre Gruppe wichtig zu sein scheint.

Zeitlicher Rahmen

6. Wie lange dauert ein Treffen? Die Mindestzeitangaben für die einzelnen Bausteine des Treffens sind für Gruppen gedacht, die nur eine Stunde zusammen sein können. Wenn Sie mehr Zeit zur Verfügung haben, verlängern Sie die angegebenen Zeiten einfach entsprechend.

7. Warum verabreden Sie sich zunächst nur für eine bestimmte Anzahl von Treffen? Weil es leichter ist, sich für einen überschaubaren Zeitraum für eine Sache zu entscheiden und sie wirklich durchzuhalten, als eine Verpflichtung auf unbestimmte Zeit einzugehen. Wenn Sie nach Abschluss des Kurses weiter als Gruppe zusammenbleiben wollen – umso besser.

Gesprächsinhalt

8. Was wird bei den Treffen besprochen? Ein recht kurzer Text der Bibel. Die Zehn Gebote sind vielen Menschen auch heute noch mindestens in den Grundzügen geläufig. Es lohnt sich aber, diese paar Verse wieder einmal genauer und in ihrem biblischen Zusammenhang zu lesen und für heute zu diskutieren. Viele Aspekte unserer westlichen Rechtskultur gehen auf diese alten Sätze zurück oder sind mindestens von ihnen inspiriert. Aber es soll ja kein Kurs in Geschichte sein, sondern Sie sollen sich ganz persönlich inspirieren lassen, von einem absoluten Klassiker der Bibel.

Das Inhaltsverzeichnis bietet eine Übersicht über die Texte und Themen.

Vielleicht möchten Sie auch ein zusätzliches Treffen einplanen, in dem Sie sich gemeinsam mit den Spielregeln für diese Gruppe und der Einführung zum Thema „Die Zehn Gebote“ beschäftigen.

Bibelkenntnis

9. Und wenn jemand in der Gruppe wenig von der Bibel weiß? Prima! Dafür ist die Gruppe ja da. Die ERLÄUTERUNGEN geben Ihnen Hinweise zum Verständnis größerer Zusammenhänge, einzelner Ausdrücke, geschichtlicher Hintergründe oder wichtiger Personen im Text. Greifen Sie immer dann auf die Erläuterungen zurück, wenn der Sinn des Textes sich nicht von selbst erschließt.

Bibel dabeihaben. Die Texte, auf die sich dieses Heft bezieht, sind in den einzelnen Einheiten abgedruckt. Weil aber auch immer wieder einmal auf weitere biblische Zusammenhänge verwiesen wird, ist es gut, wenn die Teilnehmer auch eine Vollbibel dabeihaben, um entsprechende Stellen nachschlagen zu können.

„Hausaufgaben“

10. Was muss ich sonst noch tun? Nichts, wenn Sie nicht wollen. Aber Sie können über das hinausgehen, was in der Gruppe besprochen wird. Nicht immer werden Sie alle Erläuterungen gemeinsam in der Gruppe lesen und diskutieren können. Wenn Sie die Zusatzinformation voll ausschöpfen möchten, haben Sie dafür zwei Möglichkeiten:

- Lesen Sie Text und Erläuterungen vorbereitend zu Hause. Oder:
- Vertiefen Sie das Gespräch über einen Text im Anschluss an Ihr Gruppentreffen. Lesen Sie den Text noch einmal im Zusammenhang und nehmen Sie sich Zeit, die Erläuterungen zu studieren.

Der Traum

11. Der Traum, der dahintersteckt: Menschen treffen sich und wachsen zu einer tragfähigen Gemeinschaft zusammen, in der jeder eine Heimat findet und in seinen Freuden und Schwierigkeiten angenommen ist. Menschen kommen zusammen, reden über ihr Leben und ihren Glauben und begegnen der Bibel – egal, ob sie Kirchenmitglieder sind, vom Glauben bisher viel oder wenig wissen, ob sie Christen sind oder nicht.

Serendipity

12. Was heißt Serendipity? „Das Geschenk, zufällig glückliche Entdeckungen zu machen.“ Genau darum geht es beim Kursmaterial „Serendipity Bibel“: Menschen kommen ins Gespräch über das Leben und den Glauben, tauschen Erfahrungen aus, setzen sich mit Fragen nach Gott und der Welt, nach Glaube und Bibel auseinander und machen dabei – möglicherweise ganz unvermutet – wertvolle Entdeckungen für ihr Leben.

Hinweise für Gruppenleiter

13. Weitergehen. Weitere Kurshefte zu vielen biblischen Themen finden Sie auf unserer Homepage:
www.brunnen-verlag.de/serendipity

Wie verläuft ein Treffen?

Jedes Treffen besteht aus vier Teilen:

1. EINSTIEG (15–20 Minuten)

Der Einstieg bietet Hilfen an, um sich untereinander kennenzulernen und ins Gespräch zu kommen. Die Impulse in diesem Teil zielen darauf ab, mehr voneinander zu erfahren, damit gute Beziehungen untereinander wachsen können.

2. BIBELGESPRÄCH (30–40 Minuten)

Lesen Sie den Bibeltext zunächst gemeinsam. Die Fragen in diesem Teil beziehen sich auf den Bibeltext bzw. das Thema der Gesprächseinheit. Sie helfen, den Bibeltext zu erschließen, und geben Ihnen einen Leitfaden für Ihr Gespräch. Greifen Sie immer dann auf die Erläuterungen zurück, wenn der Sinn des Textes sich nicht von selbst erschließt.

Sie werden vielleicht nicht alle Fragen in der zur Verfügung stehenden Zeit ansprechen können. Wählen Sie dann einfach die aus, die Ihrer Gruppe am wichtigsten erscheinen.

Wenn Ihre Gruppe recht groß ist, können Sie auch überlegen, ob Sie sich für das Bibelgespräch – immer oder hin und wieder – in kleinere Gruppen (etwa zu viert) aufteilen. Das gibt jedem Einzelnen die Möglichkeit, häufiger zu Wort zu kommen.

Wichtig: Zu manchen Fragen möchten Sie sich vielleicht nicht in der Gruppe äußern. Geben Sie aber Ihre Antwort für sich persönlich. Natürlich hat jeder die Freiheit, nur das mitzuteilen, was er wirklich möchte.

3. AUSTAUSCH UND GEBET (15–30 Minuten)

Hier ist Gelegenheit, den Text noch einmal ganz persönlich auf sich wirken zu lassen und, wenn Sie möchten, persönliche Anliegen anzusprechen. Dieser Austausch und das gemeinsame Gebet füreinander dienen ganz entscheidend dem Zusammenwachsen und dem Aufbau einer tragfähigen Gemeinschaft.

Die Mindestzeitangaben sind für Gruppen gedacht, die nur eine Stunde zur Verfügung haben. Wenn Sie mehr Zeit haben, verlängern Sie die angegebenen Zeiten einfach entsprechend.

4. KONKRETE SCHRITTE

Diese Impulse und Anregungen sollen dazu dienen, das Gelernte außerhalb des Abends, während der Woche im Alltag zu vertiefen und umzusetzen.

Einführung: Die Zehn Gebote aus verschiedenen Perspektiven

Im Übergang von Alt zu Neu

„Wir wollen alle Gebote halten, die der HERR uns gegeben hat" (2 Mo 24,3). So die Reaktion der Israeliten, als sie von Mose gehört haben, was Gott von ihnen will. Sie waren im Rahmen einer spektakulären Aktion aus Zwangsarbeit und religiöser Unterdrückung entkommen und stehen nun mitten in der Wüste in einer Art Übergangssituation: gerade entflohen, im Niemandsland auf dem Weg in ein Land, in dem ihre Vorväter einst gelebt hatten. Hoffnung auf bessere Umstände, freie Lebensgestaltung, wirtschaften in die eigene Tasche ...

An diesem Übergang geschieht Entscheidendes. Diese Gruppe braucht eine Identität, eine gemeinsame Basis, **eine Grundlage für ihr Zusammenleben**, für die Gestaltung des Alltags. Vorher hatten die Ägypter all dies für sie definiert. Jetzt müssen sie selbst ran. Natürlich war im Alten Orient keiner so überheblich, diese Aufgabe der Identitätsaneignung aktiv selbst zu übernehmen – man war sich bewusst, dass hier größere Mächte eine elementare Rolle spielen. Ohne die Welt der Götter war das Leben, gerade in den größeren Bezügen, nicht vorstellbar. In der Erzählung der Bibel wird dies auch besonders herausgestellt. Gott ergreift von Anfang an die Initiative (2 Mo 2,25). Er bringt sie aus Ägypten in die Wüste bis an den Berg Sinai. Er versorgt und beschützt sie auf dieser Flucht aktiv. Er gewährt ihnen dort am Berg eine Art Audienz: Zu seinen Bedingungen dürfen sie ihn selbst hören und ihm begegnen, ihn sehen und mit ihm essen (2 Mo 19 + 24). Und er gibt ihnen in diesem Kernmoment der jüdischen Geschichte eine Identität. **Gott, der treue Befreier, Versorger und Beschützer, sagt ihnen zu, dass sie sein Volk seien, dass er für sie einen speziellen Auftrag hat und sie dafür ausgesucht hat.** Und genau hier finden sich die Zehn Gebote.

Ich habe diese kurze Zusammenfassung zum literarischen Ort der Zehn Gebote ganz bewusst an den Anfang dieses kleinen Büchleins gestellt. Oft hören und lesen wir nämlich diese Sequenz von den Zehn Geboten ganz ohne diesen Zusammenhang. Sehr zu unserem Nachteil. Schnell triggert das Wort „Gebote" ein ganz bestimmtes Bild in unseren Köpfen. Wir denken fast unweigerlich an „Gesetze", an „Regelungen", an „Du musst/ du darfst nicht". Verben wie „sich dran halten, befolgen, vermeiden, sich bemühen, scheitern, versagen, brechen" gesellen sich aus der eigenen Erfahrung dazu, denn viele von uns haben schon lange bevor sie diese Zehn Gebote in der Bibel lesen viel Kontakt mit ihnen gehabt – mittelbar und vor allem in anderen Kontexten, die meist kaum etwas mit einer Befreiungserfahrung und Identitätsaneignung zu tun haben. Wir haben bestimmt schon eine eigene Geschichte mit den Zehn Geboten. Diese zu erzählen wäre ein guter Anfang für das erste Treffen, das Sie diesem Text in Ihrer Kleingruppe widmen werden.

Mein Wunsch ist es, dass Sie die Zehn Gebote neu entdecken. Sicher, es sind Verbote und Anweisungen, aber sie entspringen nicht einem göttlichen Regelungsdrang, sondern dem Ziel Gottes, dass seine Leute

verantwortlich mit der neu gewonnenen Freiheit umgehen lernen. Israel gewann Rechte und Freiheiten durch die Befreiung aus Ägypten. Diese galt es zu erhalten und verantwortlich umzusetzen. Diese Zielrichtung gilt es für unsere Lektüre wiederzugewinnen und von daher durch die „Veränderung unseres Denkens“ (Röm 12,2) unseren Alltag zu gestalten. Erst wenn Bibeltexte in diesem Sinne zu einer **Veränderung unseres Lebens, unserer Wahrnehmung und unseres Handelns** führen, kommen sie zu ihrem eigentlichen Ziel. Weniger sollten Sie sich als Gruppe für die nächsten Wochen nicht vornehmen.

An dieser Stelle möchte ich noch ein paar allgemeine einführende Anmerkungen zu den Zehn Geboten machen, die ein wenig Orientierung bieten sollen.

Welche Bezeichnungen gibt es noch?

Die „Zehn Gebote“ sind auch bekannt unter dem Titel „Dekalog“, was einfach die griechische Übersetzung von „zehn Worte“ ist. Tatsächlich findet sich diese Bezeichnung „Zehnwort“ schon im Bibeltext selbst (2 Mo 34,28; 5 Mo 4,13; 10,4). Dass diese Reihe einen Namen bekommt, ist an sich allerdings etwas Besonderes. Sonst wird nur das Bundesbuch (2 Mo 22,22–23,33) als solches innerbiblisch mit einem eigenen Namen versehen (24,7). Irgendwie sind die zehn Worte von Anfang an etwas ganz Besonderes. Auch die Form des Dekalogs betont seine herausgehobene Stellung: Dieser Text ist zwar erzählerisch eingebunden in die Erzählung von 2. Mose, aber er wird durch den formelhaften Einstieg (V. 2) und die konsequente Vermeidung aller Details, die normalerweise Gesetze begleiten, herausgehoben. Die wiederholte Formulierung in der zweiten Person („du sollst …“) führt zu einer direkten Ansprache der Leser, die sich kulturell so und so schon mit ihren Vorfahren stark identifiziert haben werden. Die Zehn Gebote sind also schon etwas Besonderes. Das zeigt auch ihre Aufnahme über das Judentum hinaus.

Wie kommen wir auf die Zehnzahl?

Der Dekalog ist eine strukturierte Einheit, wobei es durchaus Freiheit gab, diese geprägte Einheit auch zu variieren, wie die teilweise freie Aufnahme in 5 Mo 5 zeigt. Darüber hinaus gibt es eine Vielzahl von Versuchen, diese Gebotsreihe mit der Zahl zehn übereinzubringen. Zählt man die grammatischen Befehlsformen, so sind es 13 (bzw. 14, wenn man, wie die jüdische Tradition, die Selbstvorstellung Gottes hinzuzählt). Ich trenne zwischen dem Fremdgötterverbot und dem Bilderverbot, welches die röm-kath. Tradition im ersten Gebot zusammennimmt (Luther streicht letzteres ganz).

Anhand der folgenden Tabelle wäre es natürlich spannend zu überlegen, was diese unterschiedlichen Nummerierungen der Gebote über die Theologie der „Zähler“ verrät, aber das würde hier zu weit führen. Weil es bisweilen kompliziert wird, wenn man z. B. einfach vom vierten Gebot spricht, empfinde ich es hilfreicher, die einzelnen Gebote immer beim Namen zu nennen.

hellenistisch-jüdische, altkirchliche, orthodoxe, reformierte und anglikanische Tradition	katholische und lutherische Tradition	rabbinisch-jüdische Tradition und Talmud
1. Fremdgötterverbot	1. Fremdgötterverbot (+ Bilderverbot)	1. Selbstvorstellung Gottes
2. Bilderverbot	2. Namensmissbrauchsverbot	2. Fremdgötterverbot + Bilderverbot
3. Namensmissbrauchsverbot	3. Sabbatgebot	3. Namensmissbrauchsverbot
4. Sabbatgebot	4. Elterngebot	4. Sabbatgebot
5. Elterngebot	5. Tötungsverbot	5. Elterngebot
6. Tötungsverbot	6. Ehebruchsverbot	6. Tötungsverbot
7. Ehebruchsverbot	7. Diebstahlsverbot	7. Ehebruchsverbot
8. Diebstahlsverbot	8. Falschzeugnisverbot	8. Diebstahlsverbot
9. Falschzeugnisverbot	9. Begehrensverbot (Frau)	9. Falschzeugnisverbot
10. Begehrensverbot	10. Begehrensverbot (Güter)	10. Begehrensverbot

Was sollten die Zehn Gebote beim Leser bewirken?

Bezüglich der literarischen Form lässt sich wohl am besten von einer Gebots- bzw. Verbotsreihe sprechen, die ohne Fallschilderung und Rechtsfolgebestimmungen auskommt. Beispielfälle und das Aufzeigen von Konsequenzen im Fall der Nichtbefolgung sind seit frühester Zeit Teil von Rechtstexten. Dass diese hier fehlen, spricht dafür, dass eine gewisse Allgemeinheit angestrebt wird. Daher eignen sich die Zehn Gebote auch weniger als Richtlinie für die konkrete Rechtsprechung, sondern vielmehr für die Prävention. Manche haben hier von einem Prozess vom Recht zum Ethos gesprochen, doch im Alten Testament steht beides nebeneinander. Wie auch immer die historische Entwicklung in diesen Dingen war, die Zielrichtung ist klar: Eine Gesellschaft braucht Grundwerte, ein Ethos. Sie braucht aber auch Beispiele für die konkrete Umsetzung dieser Grundwerte im Einzelfall. Für Letzteres finden sich viele Beispiele in den Regelungen, die in 2. Mose dem Dekalog folgen. Allerdings wird auch das Ethos innerhalb der Zehn Gebote durchaus unterschiedlich vermittelt. Einerseits wird es auf den reinen Tatvorgang reduziert (V. 13, 14 und 15) oder aber andererseits in aller Breite ausgeführt und erklärt (V. 4 und 9-11). Als Ethos bleiben die Zehn Gebote unbestimmt und teils abstrakt und können dadurch sehr einfach in verschiedensten Situationen Orientierung für das eigene Handeln bieten.

So suchen die Zehn Gebote auch inhaltlich viele Lebensbereiche abzudecken. Ich schließe mich folgendem Strukturvorschlag an: Die Grundsatzbestimmung (20,2-6) wird in 20,7-17 entfaltet. Schon rein inhaltlich zerfällt 20,7-17 in zwei Teile: das „Gottesrecht" (religiös; 20,7-11) und das „Menschenrecht" (sozial; 20,12-17). Die feinere Einteilung ist nicht ganz so eindeutig wie die grobe Zweiteilung. Zunächst fallen die beiden positiv formulierten Gebote (20,8-11 [Sabbat] und 20,12 [Eltern]) auf. 20,7 und 20,13-17 sind dagegen Verbote:

20,2-6	Grundsatzbestimmung (Fremdgötter-, Bilderverbot)	
„Gottesgebote"		
20,7	Gottesname	*Verbot*
20,8-11	Sabbat	*Gebot*
„Sozialgebote"		
20,12	Eltern	*Gebot*
20,13-17	Morden, Ehebrechen, Stehlen, falsches Zeugnis, Begehren	*Verbot*

Beispielhaft werden einige der wichtigen Bereiche der Beziehung zu Gott und dem Mitmenschen ausgewählt und für jeden eine oder zwei prägnant formulierte Anweisungen gegeben. Es wird aber nicht auf jeden denkbaren Lebensbereich eingegangen und es werden auch keine Details geregelt. Hier entsteht eine Offenheit und auch ein gewisser Zwang zum eigenständigen Nachdenken: Wie kann ich meine Liebe zu Gott und zum Mitmenschen in meiner konkreten Situation ausdrücken? Dafür bieten die Zehn Gebote eine Orientierung, aber kein Rezept. Auch sind die Zehn Gebote keine jüdisch-christliche Version des kategorischen Imperativs von Immanuel Kant. Kant hat es so formuliert: „Handle nur nach derjenigen Maxime, durch die du zugleich wollen kannst, dass sie ein allgemeines Gesetz werde." Demgegenüber sind die Zehn Gebote einfach nicht abstrakt genug. Das aber ist auch gut so, denn derartige Maximen helfen im Alltag nur bedingt, sich für oder gegen eine Handlungsoption zu entscheiden – gerade wenn es mal schnell gehen muss. Außerdem wollen die Zehn Gebote nicht unbedingt Entscheidungen vereinfachen, sondern vor allem eine Richtung vorgeben, positiv unsere Welt zu gestalten. Das macht ihre theologische Bedeutung aus.

Für wen sind die Zehn Gebote überhaupt gedacht?

Durch die Vorstellung Gottes als dem Gott des Auszugs aus Ägypten (V. 2) und die ersten beiden Gebote (Fremdgötterverbot V. 3; Bilderverbot V. 4-6) bekommen wir einen Insidereinblick zu Gott selbst. Eigentlich dürfte dieser Satz ja für einen Leser von 2 Mo überflüssig sein, doch macht er durchaus Sinn, wenn man davon ausgeht, dass der Dekalog über die konkrete Sinai-Situation hinaus Geltung beansprucht und auf die Allgemeinheit derer abzielt, die sich auf den Auszug aus Ägypten als Gründungserlebnis zurückführen. Damit geht es um den Geltungsbereich der folgenden Gebotsreihe. Die Selbstbezeichnung Gottes als „Ich bin der HERR, dein Gott" geht den Geboten voran, um deutlich zu machen, dass hier ein ganz bestimmtes Volk als Adressat angesprochen wird. Auch hierin zeigt sich, dass mit dem Dekalog kein zeitloses und unpersönliches Natur- oder Grundlagenrecht vorliegt, das Geltung für die ganze Menschheit beanspruchen würde. Israel hatte eine Beziehung zu dem „einen Gott", hatte bereits Geschichte mit ihm erlebt. Die Erinnerung an die Befreiung aus Ägypten verweist auf den Schutz und Beistand Gottes. Israel verdankt dem Auszug aus Ägypten seine Existenz und Freiheit: Gott gibt, bevor er fordert. So ist die Voraussetzung der Zehn Gebote das erwählende und errettende Handeln Gottes. Die Gemeinschaft wird nicht erst durch die Gebote geschaffen. Diese Gebote wollen vielmehr das bereits bestehende Gottesverhältnis in der Praxis des Alltags ordnen und bewahren.

Die Einzelgebote des Dekalogs wollen und können keine erschöpfende Regelung in allen erdenklichen menschlichen Lebensbereichen bieten. Das „Zehnwort" formuliert einen Rahmen, eine Grundordnung, innerhalb derer die Existenz als Gottesvolk zu gestalten ist. Es geht um Grundwerte, Einstellungen und Tabus, die dem Bekenntnis zu Gott, dem HERRN, entsprechen und das Denken und Handeln der Israeliten in allen Lebensbereichen und zu jeder Zeit bestimmen sollen. Somit wollen die Zehn Gebote die Einmaligkeit des Volkes und dessen Zugehörigkeit zu Gott wahren und es ihnen ermöglichen, ihren gottgegebenen Auftrag – Gottesmittler und Segensbringer für alle Menschen zu sein (1 Mo 12,2-3; 2 Mo 19,5-6) – auszufüllen.

Der Dekalog hat wohl eine der umfangreichsten Wirkungsgeschichten der Texte des Alten Testaments entfaltet. Das zeugt natürlich von seiner herausragenden Qualität und Bedeutung. Es wird wohl immer so sein, dass uns der Text herausfordert und auch infrage stellt. Daher sollte darauf geachtet werden, dass alle Teilnehmer den Text für sich lesen und nicht für die „Nächsten" oder ganz von der sicheren Warte aus für die heutige „schlimme Gesellschaft".

Ich werde immer wieder auf verschiedene Perspektiven hinweisen, die für eine ergiebige Lektüre hilfreich sein können. Zunächst spiegelt der Dekalog selbstverständlich den Charakter, die Werte und Interessen dessen wider, der ihn formuliert – also Gott selbst. So kann man an den Zehn Geboten durchaus sein Gottesbild schärfen. Dabei kann immer wieder der Blick in die Evangelien helfen, denn dort lässt sich ablesen, wie Jesus – der für uns Christen die wichtigste Offenbarung Gottes ist – die im Dekalog beschriebenen Werte lebt und bei seinen Zeitgenossen einfordert.

Eine weitere Perspektive lässt sich darin erkennen, dass Gesetze nur dann gegeben werden, wenn Anlass dazu besteht. So braucht Gott nur vom Kultbild oder vom Töten zu reden, wenn er die Gefahr sieht, dass das Volk eine Tendenz zu Kultbildern hat oder sich Einzelne bewusst über das Leben anderer stellen. So sagen die Zehn Gebote auch eine Menge über unsere menschliche Befindlichkeit aus. Vielleicht stellt sich also an der einen oder anderen Stelle eine an der oft traurigen Realität deutlich werdende Selbsterkenntnis ein.

Letztlich ließe sich noch über eine ideale Gesellschaft nachdenken, wie sie aus den Zehn Geboten ableitbar wäre. Damit es nicht beim Träumen bleibt, wäre darüber nachzudenken, in welchen konkreten Bereichen die real existierende Ortsgemeinde oder Kirche der Teilnehmenden göttliche Impulse für ihren unmittelbaren Lebenskontext setzen könnte. Es geht hier ganz bewusst zunächst um die Gemeinde als Gruppe und nicht um den Einzelnen. Damit wäre die Gemeinde auf der Spur Israels, welches die Rolle der Gottesvermittlung (Priestertum) in dieser Welt empfangen hat (19,5-6; vgl. 1 Petr 2,9).

Die christliche Gemeinde hat eine gottgegebene Funktion und Rolle in ihrer jeweiligen Umgebung. Diese Berufung der Gemeinde gilt es zu entdecken und zu leben.

Erich Zenger antwortet Folgendes auf die Frage: „Wie soll man diese Worte des Dekalogs hören und lesen?“: „Diese Worte wollen uns betroffen und nachdenklich machen. Sie sind nicht ein Katalog, in dem wir „Ja“ und „Nein“ ankreuzen und ihn dann erleichtert zur Seite legen, wenn wir möglichst viel „Nein“ aufzuweisen haben. Der Dekalog ist nicht so sehr ein Lehrtext als vielmehr ein Anruf, der auf Bewußtseins- und Gewissensbildung zielt und uns verändern will – für den Nächsten und für Jahwe. Wer den Dekalog als Wort Gottes hört, dürfte nachher eigentlich nicht mehr derselbe sein wie vorher! Wer den Dekalog hört, müßte zutiefst erfüllt sein von dem Auftrag, daß er in seiner Lebensgeschichte mitwirken darf und muß an jener großen Erlösungsgeschichte, die unser Gott mit uns wirken will“ (E. Zenger, Das Buch Exodus, Leipzig 1978, 213).

Wie die Serendipity-Reihe nahelegt – Bibellesen sollte man immer wieder in Gemeinschaft. Allein geht auch, aber Großartiges entsteht oft eher im Miteinander. Ich nenne hier gerne Katharina, Matthias, Nathalie und Tobi, die mit mir in den letzten Monaten gemeinsam die Zehn Gebote gründlich gelesen haben und denen ich viele gute Fragen, Perspektiven und Einsichten zu verdanken habe. Ich wünsche Ihnen ebensolches.

Der Einstieg: Gott stellt sich vor und ist eifersüchtig

1

2. Mose 20,1-3

EINSTIEG

(15–20 Minuten)
Wählen Sie bitte eine oder zwei Fragen aus.

1. Was ist Ihre eigene Geschichte mit den Zehn Geboten?

2. Von wem lassen Sie sich gerne etwas sagen? Wie müsste diejenige/derjenige „drauf sein", damit Sie sich etwas sagen lassen?

3. Wobei würde es helfen, wenn wir mehrere Götter hätten und nicht nur einen einzigen?

BIBELTEXT

20,1 **Dann redete Gott und verkündete die folgenden Gebote:**

2 **„Ich bin der HERR, dein Gott, der dich aus der Sklaverei in Ägypten befreit hat.**

3 **Du sollst keine anderen Götter neben mir haben."**

BIBELGESPRÄCH

(30–40 Minuten)
Wählen Sie ggf. unter den Fragen aus.

1. Versuchen Sie gemeinsam, den Vorlauf des Textes zu rekonstruieren: Was geschah in Ägypten? Lesen Sie auch noch mal 2 Mo 2,23-25 und 2 Mo 3,6-15. Was geschah in der Wüste, bevor Israel am Sinai ankam?

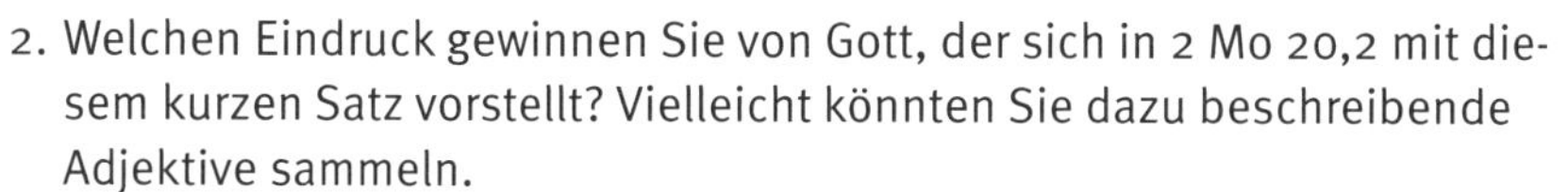

2. Welchen Eindruck gewinnen Sie von Gott, der sich in 2 Mo 20,2 mit diesem kurzen Satz vorstellt? Vielleicht könnten Sie dazu beschreibende Adjektive sammeln.

3. Wer verbirgt sich hinter dem „dich" (V. 2)? Wer soll sich angesprochen fühlen? Bedenken Sie auch, dass der Text nicht (nur) für die Generation geschrieben worden sein kann, die in der erzählten Welt diese Worte „hören". Inwiefern könnten wir als heutige Leser auch angesprochen sein?

4. Geht der Text von der Nichtexistenz anderer Götter aus? Es gibt in diesem Kontext den Begriff „Alleinverehrungsanspruch." Wie würden Sie diesen Begriff füllen? Wie passt diesbezüglich V. 3 zum vorherigen V. 2?

5. Welche anderen Beziehungen kennen Sie, für die Ausschließlichkeit ein wichtiges Moment ist? Warum ist diese dort wichtig?

6. Ist Gott eigentlich eifersüchtig?

AUSTAUSCH

(15–30 Minuten) Wählen Sie ggf. unter den Fragen aus. Sie können das Gespräch mit einem gemeinsamen Gebet abschließen.

1. Welche Ihrer Fragen sind offengeblieben?

2. Hätte dieses Verbot auch etwas zum Atheismus zu sagen? F. Nietzsche: „Gott ist tot! Gott bleibt tot! Und wir haben ihn getötet." Die Folge davon sei, dass wir Menschen nun Gott sein müssten. Worin sehen Sie Hinweise, dass Menschen den Platz von Gott einnehmen (wollen)? Womit überfordern sie sich selbst?

3. Welche „Götter" spielen in Ihrem Kontext eine Rolle? Was würde es bedeuten diese neben den jüdischen/christlichen Gott zu stellen? Worin zeigt es sich im Alltag, dass man nur einem Gott loyal ist?

4. Welcher „Gott" wird für Sie am ehesten zu einer Gefahr? Inwiefern könnte es helfen, wenn Sie sich Ihre eigene Geschichte mit Gott ins Gedächtnis rufen?

KONKRETE SCHRITTE

Entscheiden Sie, was Sie in der kommenden Woche ganz praktisch tun wollen.

1. Was möchten Sie nach der Beschäftigung mit 2 Mo 20,1-3 besonders festhalten? Was möchten Sie konkret in die Praxis umsetzen – im Blick auf Ihre Einstellungen, Ihr Denken, Ihre Worte und Ihr Handeln? Es ist immer einfacher etwas zu tun, als zu versuchen etwas zu lassen ... Worin wollen Sie Ihre Loyalität Gott gegenüber ausdrücken?

2. Das jüdische Glaubensbekenntnis finden Sie in 5 Mo 6,4-5. Auch dieses ist als Gebot formuliert und entspricht dem ersten Gebot. Googeln Sie mal ein paar unterschiedliche christliche Glaubensbekenntnisse (oder schauen Sie im Katechismus oder Gesangbuch nach): Wie können solche Bekenntnisse helfen, das Fremdgötterverbot zu beachten?

V. 1. Der kleine Vorsatz der Zehn Gebote erscheint lediglich wie eine Einleitungsfloskel. **„Die folgenden Gebote"** (wörtlich „alle diese Worte") sind wörtliche Rede Gottes. Es wird aber nicht klar, zu wem Gott diese Worte spricht (zu dem Volk?, zu Mose?). Möglicherweise will diese Offenheit dem Leser die Freiheit lassen, den Text direkt und ohne großen Umweg für sich selbst zu hören. In diesem Sinn ist es der einzige Text, den Gott ohne Mittler an das Volk am Sinai richtet. Dass die „zehn Gebote" (34,28) von Gott selbst niedergeschrieben wurden (2 Mo 24,12; 31,18; 32,15; 5 Mo 5,22) und in der Bundeslade deponiert werden sollen (5 Mo 10,1-5), ist ein Hinweis auf deren herausgehobene Bedeutung.

Die Zehn Gebote stehen ohne einen eindeutigen erzählerischen Anschluss an der Spitze der Gesetzessammlung von 2. Mose. Diese Sammlung reicht bis 23,33 und beinhaltet verschiedenste Regelungen, die sowohl den praktischen Alltagsvollzug betreffen als auch die Gerichtsbarkeit und Religion bzw. den Kultus. Auch wenn diese Sammlung und die Zehn Gebote immer wieder losgelöst von ihrem literarischen Kontext in 2. Mose betrachtet werden, ist dieser Kontext von größter Bedeutung für ihre Wahrnehmung und theologische Einordnung.

Der Leser der Thora kennt Gott bereits aus 1. Mose und vieles in 2. Mose legt nahe, dass die Kenntnis von 1. Mose vorausgesetzt wird. In 1. Mose werden die Geschichten der sog. Erzväter erzählt, die den Faden aus der Urgeschichte aufnehmen. Vor dem Hintergrund der gefallenen Menschheit beruft Gott Abraham, der als Segensmittler für alle Völker dienen soll (1 Mo 12,2-3). Das spätere Israel beruft sich in seinem Selbstverständnis auf genau diesen Moment der Identitätsstiftung. Israel versteht sich als Erbe der Bestimmung. Aus der Großfamilie der Erzeltern wird in Ägypten eine sehr zahlreiche Volksgruppe, die ihr nichtägyptisches Selbstverständnis über Jahrhunderte erhalten hat. Allerdings kommen sie in Ägypten nicht in den Genuss der schon Abraham versprochenen Segnungen von Land und politischer Souveränität. Gott nimmt sich der durch Zwangsarbeit geknechteten Israeliten an und befreit sie in einer Art Showdown zwischen dem überheblichen ägyptischen Monarchen, dessen Verhalten zu Chaos und Tod führt, und dem befreienden und lebensschenkenden Schöpfergott. Auf dem Weg durch die Wüste Richtung Palästina erweist sich dieser Gott als Versorger (Wasser, Manna und Wachteln, Kap. 15–17) und Retter (gegen die Verfolger Ägyptens, Kap. 14–15 und die feindlichen Amalekiter, Kap. 17). Darüber hinaus ordnet er die inneren Verwaltungsstrukturen des Volkes (Kap. 18) und leitet sie durch seine Gegenwart in der lebensfeindlichen Wüste (Kap. 13). All dies sind Rollen, die sonst ein altvorderorientalischer Monarch gegenüber seinen Untertanen erfüllen sollte. Gott erweist sich als König Israels. Mose übernimmt lediglich die Rolle eines Mittlers zwischen Gott und Volk.

V. 2 fasst diesen erzählerischen Vorlauf des Dekalogs denkbar knapp zusammen. **„Ich bin der HERR, dein Gott."** Hier wird eine Beziehung formuliert. Gott stellt sich nicht einfach vor, damit die Israeliten Bescheid wissen, sondern setzt diese Beziehung voraus, die das Fundament seines rettenden Handelns an Israel durch den Auszug bildet. Gott und Israel gehören zusammen: unser Gott – mein Volk. Damit greift Gott natürlich auf den Bund zurück, den er mit Abraham vor vielen Hundert Jahren geschlossen hatte (1 Mo 15 + 17). Israel ist Teil dieses Bundes und die Beziehung besteht bereits. Der Unterschied zu vorher ist, dass sie nun viele sind, nicht mehr nur ein Clan, sondern eine ganze Volksgruppe. Ihre Identität ist aber dieselbe: Sie sollen wie Abraham ein Segen für alle Völker sein, indem sie Werte und Vorstellungen ihres Gottes zu diesen anderen Völkern spiegeln (2 Mo 19,5-6).

Die Zehn Gebote konkretisieren nun, wie diese Berufung im Alltag Israels aussehen sollte. Sie sind Gottes Volk und dies sollte nach außen erkennbar sein. Um dies zu erreichen, sollen sie ihr Leben an den Geboten Gottes ausrichten. Es geht also nicht darum, sich durch das Halten der Gebote den Status als Bundesvolk zu verdienen, sondern einen Rahmen zu haben, innerhalb dessen diese Identität sinnvoll und transparent gelebt werden kann. Es geht auch nicht darum, dass Gott sozusagen in Vorleistung tritt und dann berechtigt von Israel etwas verlangen kann, sondern dass eine Beziehung etabliert wurde und beide eine gemeinsame Geschichte haben. Israel ist befreit, aber nicht in eine absolute Freiheit, sondern es hat einen Herrscherwechsel vollzogen. Nicht mehr der König Ägyptens hat das Sagen bzgl. des Volkes, sondern der HERR, der Bundesgott Abrahams, Isaaks und Jakobs, der nun das zum großen Volk gewordene Israel in den bestehenden Bund mit den Vätern hineinnimmt. „Ich bin der HERR, dein Gott" ist keine Selbstvorstellung; dieses wäre im Plot von 2. Mose nicht nötig, sondern eine Bundesformulierung: „Wir gehören zusammen." In diese Beziehung werden die Zehn Gebote hineingesprochen und sind somit nicht als allgemeine ethische Prinzipien oder eine Art Menschenrecht gegeben, sondern spezifisch für die befreiten Israeliten, deren Freiheit sie bewahren sollen.

V. 3. Dem Gottesverhältnis Israels, welches vom Auszug her bestimmt ist (20,2), wird nun mit dem **Fremdgötterverbot** eine Konsequenz an die Seite gestellt (20,3). Das Bundesvolk hat ausschließlich einen einzigen Gott anzubeten. Gottes Gegenwart („neben mir", wörtlich: „neben meinem Angesicht") ist für Israel nur möglich, wenn sie keinen anderen Gott neben ihren Gott stellen, anbeten oder ernst nehmen. Wenn wir heute von „Monotheismus" reden, so denken wir an eine Weltsicht, die die Existenz anderer Götter komplett ausschließt: Es gibt nur einen einzigen Gott. Alles andere wären eben keine Götter. So hätte ein Mensch im zweiten Jahrtausend vor Christus wahrscheinlich nicht gedacht. Unzweifelhaft geht es in diesem Verbot aber um Monolatrie, d. h. die Alleinverehrung eines Gottes. Israel war mit dem Wunsch ausgezogen, seinem Gott zu dienen (2 Mo 4,22-23; 5,3 u. ö.). Der Segen, der damit verbunden ist, ist nicht zu haben, wenn Israel andere Götter an seiner Seite verehren sollte. Später wird dies in der radikalen Erzählung vom Goldenen Kalb deutlich. Das erste Gebot des Dekalogs und diese Urerfahrung der religiösen Untreue gehören in 2 Mo ganz eng zusammen. Besonders die klare Aussage Gottes in 2 Mo 34,14: „Betet keinen Gott außer mir an. Denn zu Recht werde ich, der HERR, ‚der Eifersüchtige' genannt – ich bin ein leidenschaftlicher Gott, der keinen neben sich duldet."

Ein weiterer Kerntext des Alten Testaments hat ebenfalls engen Bezug zum Fremdgötterverbot: Das Schma, das Glaubensbekenntnis Israels (5 Mo 6,4-5), drückt dieselbe Beziehung aus: „Höre Israel! Der HERR ist unser Gott, der HERR allein. Und du sollst den HERRN, deinen Gott, lieben von ganzem Herzen, mit ganzer Hingabe und mit all deiner Kraft." Gott zu lieben ist ein sehr abstraktes Konzept, aber die ersten Sätze des Dekalogs geben Orientierung, wie diese Liebe aussehen sollte, was diese Liebe mindestens beinhaltet. Loyalität bzw. Treue ist ein Kernelement.

Im alten Vorderen Orient haben die Gottheiten klare Zuständigkeitsbereiche. Die Hauptgötter sind für die Belange der großen sozialen Gefüge (Stadtstaaten und Großreiche) zuständig – die Ordnung des Kosmos, Gerechtigkeit im Volk, militärische Erfolge hängen von ihnen ab. Kleinere Gottheiten kümmern sich um private Dinge, wie Fruchtbarkeit, Versorgung oder Heilung. Manche Gottheiten stehen in Konkurrenz zueinander. Immer versuchen die Menschen sich die Gunst der mächtigsten und jeweils einflussreichsten Götter zu sichern. Loyalität gegenüber einem Gott ist nicht wichtig, da die Götter selbst als launisch und wenig zuverlässig erlebt werden. Ihre Wünsche sind oft schwer erkennbar und vieles erklärt sich in diesem Weltbild aus göttlicher Verärgerung. Allerdings ist die Aufgabe der Menschen bezogen auf die Götter nicht das Tun des Rechten, sondern das Beschwichtigen ihres Zorns. Opfergaben sind klar interessegetrieben: Wie ich dir, so du mir. Wenn du nicht lieferst, entziehe ich dir meine Verehrung und suche mir einen anderen. Das alttestamentliche Ideal einer ausschließlichen Konzentration auf einen Gott schließt ein, dass dieser eine Gott immer zuständig ist, dass ich ihm nicht ausweichen kann, dass ich mich ganz auf ihn einlassen muss. Störungen in der Gottesbeziehung, die auch in Israel als Segensentzug erlebt werden, sind dann nicht mehr so einfach zu lösen. Ich kann nicht einfach zur Konkurrenz gehen, sondern muss die Sache mit dem Einen versuchen zu regeln. Dabei wird dieser Gott nicht als unzuverlässig und launisch erlebt, sondern aus der erlebten Vergangenheit werden seine guten Absichten gegenüber den Menschen abgeleitet, die auch für die Gegenwart und Zukunft erhofft werden. Auf diesen Gott bezieht sich die ausschließliche Loyalität, die hier von Israel gefordert wird. Er allein ist Gegenstand der Bewunderung und Verehrung, Ansprechpartner in Not und Dankbarkeit.

2 Bilder gehen gar nicht

2. Mose 20,4-6

EINSTIEG
(15–20 Minuten)
Wählen Sie bitte eine oder zwei Fragen aus.

1. Wenn Sie eine Challenge vom letzten Treffen aufgenommen haben: Was können Sie berichten?

2. Kennen Sie aus dem Museum, den Medien möglicherweise Götterbildnisse? Was vermuten Sie für Gedankengänge bei den Menschen, die diese verehren?

BIBELTEXT

**20,4 Du sollst dir keine Götterbilder anfertigen, indem du et-
was nachbildest, das sich am Himmel, auf der Erde oder im
Meer befindet. 5 Wirf dich nicht vor ihnen nieder und verehre
sie nicht. Denn ich, der HERR, dein Gott, bin ein leidenschaftlicher Gott, der keinen neben sich duldet. Diejenigen, die mich
ablehnen, ziehe ich dafür zur Rechenschaft. Selbst ihre Nachkommen werden die Folgen noch bis in die dritte und vierte
Generation spüren. 6 Aber denen, die mich lieben und nach
meinen Geboten leben, tue ich Gutes über Tausende von Generationen.**

BIBELGESPRÄCH
(30–40 Minuten)
Wählen Sie ggf. unter den Fragen aus.

1. In welche Teile würden Sie den Text aufteilen? Welche Funktion hat jeder Teil in dem Ganzen?

2. Lesen Sie zu V. 4 die kurzen Kommentare von zwei wichtigen Propheten: Jes 40,18-26; 44,9-19 und Jer 10,1-16. Welche Horizonte ergeben sich für das Kultbilderverbot?

3. Was vermuten Sie hinter dem Wunsch, sichtbare Stellvertreter für Gottheiten zu schaffen bzw. sie zu verehren?

4. Erinnern Sie sich an die Diskussion zum Thema Eifersucht aus dem letzten Treffen: Kann Eifersucht eine positive Eigenschaft sein? Wann wäre sie angemessen?

5. Der letzte Teil des Gebots lebt von Kontrasten – erstellen Sie eine kleine Gegenüberstellung und entscheiden Sie, welches der Kerngedanke dieses Abschnitts ist.

AUSTAUSCH

(15–30 Minuten) Wählen Sie ggf. unter den Fragen aus. Sie können das Gespräch mit einem gemeinsamen Gebet abschließen.

1. Welches Gottesbild ergibt sich für Sie aus diesem kurzen Text? Versuchen Sie die einzelnen Teilaspekte miteinander in Bezug zu bringen.

2. Wer vertauscht heute gerne Geschöpf und Schöpfer? (Siehe auch die Erläuterungen.) Was sind die Konsequenzen?

3. Wie stehen Sie zu christlicher Kunst? Was darf sie? Was sollte sie? Was eher nicht?

KONKRETE SCHRITTE

Entscheiden Sie, was Sie in der kommenden Woche ganz praktisch tun wollen.

1. Gehen Sie mal mit offenen Augen durch Ihre Nachbarschaft ... Fallen Ihnen Götterbildnisse auf? Vielleicht könnten Sie deren „Besitzer“ fragen, was sie damit verbinden.

2. Was möchten Sie nach der Beschäftigung mit 2 Mo 20,4-6 besonders festhalten? Was möchten Sie konkret in die Praxis umsetzen – im Blick auf Ihre Einstellungen, Ihr Denken, Ihre Worte und Ihr Handeln?

___

___

___

Gottes Alleinverehrungsanspruch hat natürlich zur Konsequenz, dass jegliche Kultbilder und Götzenbilder ausgeschlossen sind. Götzenbilder sollen weder gemacht werden, noch sollen bereits gefertigte verehrt werden.

V. 4, V. 4b verbietet das abbildende Darstellen von Geschaffenem, was aber nicht ein generelles Kunstverbot bedeutet, da der Nachsatz V. 5 deutlich macht, dass es hier nur um Darstellungen zum Zweck der Verehrung geht. Bereits im späteren Verlauf des 2. Mosebuchs sind künstlerische Darstellungen von Geschaffenem im Kontext des Heiligtums nicht nur erlaubt, sondern geradezu gefordert (vgl. Engel 25,18ff + 26,1.31; Blüten 25,33ff; Früchte 28,33f).

In den meisten altorientalischen Kulturen haben **Kultbilder** die Aufgabe, den Kontakt zur übernatürlichen Götterwelt (also zu dem Teil der Welt, der die Grenzen der Erfahrung und der sinnlich erkennbaren Dinge überschreitet) herzustellen. Das Bilderverbot entzieht den Israeliten die in ihrem kulturellen Umfeld übliche Zugangsmöglichkeit zur übernatürlichen Welt. Im Götzensymbol steht das dahinter stehende göttliche Wesen dem Anbetenden zur Verfügung. Es bedarf nur noch der richtigen Worte und Riten, dann lässt sich die Gottheit für die eigenen Zwecke einspannen. Wer das Bild des Gottes hat, hat auch Einfluss auf ihn und kann dessen göttliche Macht für sich einsetzen. Dahinter steht ein Weltbild, welches auf der wechselseitigen Abhängigkeit von Menschen und Göttern aufbaut: Die Menschen wissen sich von der gütigen Zuwendung und vom Schutz der Götter abhängig; die Götter bedürfen der „Versorgung" durch Opfergaben und der Anerkennung durch Huldigung. Der Gott Israels hat sich aber bereits in der Auseinandersetzung mit dem wichtigsten Stellvertreter der ägyptischen Götterwelt, dem Pharao als der unabhängige Souverän, erwiesen. Gott lässt sich nicht den Arm auf den Rücken biegen, damit er tut, was Menschen gerne von ihm wollen. Es gibt nichts, was Gott zu einer Handlung zwingen könnte. Daher verbietet er den Menschen, die sich ihm verbunden wissen, schon die Vorstufe zu einem solchen Versuch – das Götzenbild. Gott lässt sich nicht verfügbar machen – auch wenn er den Menschen unbedingt begegnen will. Dieser Gedanke steht auch hinter dem folgenden Namensmissbrauchsverbot.

Diese (Selbst-)Verweigerung bedeutet nicht, dass Gott nicht kontaktiert werden will, doch immer zu seinen Konditionen. Waren die Kontakte zwischen Mensch und Gott, wie sie im 1. Mosebuch beschrieben werden, vor allem auf göttliche Initiative zurückzuführen, so ändert sich dies mit der Volkwerdung Israels. In diesem sozio-kulturellen Prozess entsteht ein großer Bedarf für einen geregelten Zugang zu einer Gottesbegegnung. Antike Gesellschaften wissen intuitiv, dass ihr innerer Zusammenhalt und ihr Wohlergehen an dem Wohlwollen der Götter hängen und dieses Wohlwollen muss man sicherstellen. Dies ist die Begründung für große Teile der kultischen Regeln und Traditionen, für Gottesdienste und damit verbundene Opferhandlungen. Jedoch war klar, dass man als Mensch viel falsch machen kann, wenn man in den Bereich des Heiligen eintritt. So bilden sich von Anfang Regeln, die vor allem im öffentlichen Bereich sehr genau eingehalten werden mussten, damit man sich nicht den Ärger der Götter einfing. Israel hatte sich diese Regeln, genau wie auch ihre damaligen Nachbarn, gegeben und praktiziert. Möglicherweise wurde 2. Mose geschrieben, um auch in diesem Bereich wegweisend einzugreifen und nachzusteuern bzw. die bekannten Praktiken theologisch neu zu füllen. Der israelitische Kultus, wie er aus dem Alten Testament rekonstruierbar ist, ähnelt nämlich in seinen Formen in vielen Teilen dem damaligen üblichen religiösen Umfeld. Die Altäre sahen einander sehr ähnlich, Opferrituale ebenfalls. Es gab ausgewählte Kultprofessionelle und regelmäßige Pflichtabgaben der Bevölkerung an das Heiligtum. **Allerdings bemühen sich die biblischen Texte sehr darum, dass nicht alle hinter den Praktiken stehenden religiösen Konzepte ebenfalls übernommen werden.** An den (verbotenen) Kultbildern wird dies besonders deutlich.

Durch die Anrede mit dem persönlichen „Du" wird deutlich, dass es bei dem Kultbilderverbot nicht allein um die öffentliche Religion geht, sondern auch um die private Religionsausübung im Kontext der Familie. Die **Unterscheidung von öffentlicher und privater Religion** durchzieht alle Kulturen des alten Vorderen Orients. Öffentliche Religion fand an den großen Heiligtümern und Tempeln statt, deren Reste man heute noch in archäologischen Ausgrabungen bewundern kann. Diese, oft in zentralen Städten in der Nähe der Regierungssitze lokalisierten Tempel wurden durch Steuergelder finanziert und bildeten eigene Wirtschaftsunternehmen, teils mit eigener Währung, einer aufwändigen Verwaltung und fest angestellten Priestern und anderem Kultpersonal. Hier wurden die großen Götter angebetet, die die Verantwortung für das Wohlergehen der Gemeinschaft trugen. Im familiären Bereich gab es durchgehend kleine Hausaltäre und -opferstellen für die Götter, die man von seinen Vorfahren „geerbt" hatte und die sich um private Dinge, wie Fruchtbarkeit, Krankheiten, Werkzeuge oder Ahnen kümmerten. Die „großen Götter" der großen Tempel waren nicht zugänglich für solche alltäglichen Sorgen. Kultbilder gab es allerdings in beiden Bereichen der altorientalischen Religion. Archäologen finden sie noch heute in vielen Kontexten und können hieran viele Details der damaligen Frömmigkeit ablesen. Diese Götzen wurden als Orte gedacht, in denen sich die Gottheiten „materialisieren" konnten. Jedem war klar, dass ein Gott oder eine Göttin nicht auf diese Statue einzuschränken sei, aber man sicherte sich über sie den ungestörten Zugang zu den Göttern. Wenn man die richtigen Rituale kannte und sie korrekt vollzog, so blieb der Gottheit kaum etwas anderes übrig, als sich um die Anbetenden zu kümmern und ihnen Gutes zu tun. Über die repräsentierenden Statuen hatte man als Mensch einen gewissen Einfluss auf die eigentlich wichtige, wenn auch unsichtbare Hälfte der Wirklichkeit.

Im Kultbilderverbot des Dekalogs wird nicht nur die Souveränität und Unverfügbarkeit Gottes betont, sondern auch die **Gefahr der Vermischung bzw. Verwechslung von Schöpfer und Geschöpf**. Dass die Götzen Menschenwerk sind, wird z. B. in Jes 44,9-19; Jer 10,1-16 überspitzt auf den Punkt gebracht. Jes 40,18ff stellt schön den Unterschied zwischen Götzenbildern und dem Gott Israels heraus: Nichts, was man abbilden könnte, kann ihm gleichkommen. Ein menschliches Kunstwerk kann nie den göttlichen Schöpfer repräsentieren. Allein der Versuch würde Schöpfer und Schöpfung vermischen – und das geht gar nicht.

In 5 Mo 32,15-17 wird ein weiterer Aspekt bedacht: „Sie (Israel) verließen den Gott, der sie geschaffen hatte, sie verachteten den Fels, der doch ihr Schutz gewesen war. Sie reizten ihn zur Eifersucht mit fremden Göttern, mit abscheulichen Götzen kränkten sie ihn. Sie brachten bösen Geistern, die nicht Gott sind, Opfer dar und verehrten unbekannte Götter, die erst seit Kurzem aufgekommen waren, den Vorfahren noch völlig unbekannt." Gott hat Israel gemacht und Israel macht sich neue „unbekannte" Götter. „Unbekannte" Götter können keine echten Götter sein, da Gott der Ursprung allen Seins ist.

V. 5-6. Der Begründungssatz (20,5b) spiegelt den Eingang in den Dekalog (V. 2: „Ich bin der HERR, dein Gott") und geht von **Gottes Charakter aus: Er ist eifersüchtig,** d. h. er wird keine Konkurrenz dulden. Israels Aufmerksamkeit hat ihm ungeteilt zu gehören. Israel lebt mit Gott in einer Beziehung, die andere Gottheiten ausschließt. Hier ist kein Raum für geteilte Loyalitäten oder eine breite religiöse Aufstellung. Gottvertrauen äußert sich auch darin, dass man darauf verzichtet, sich bei anderen Göttern noch etwas umfassender abzusichern. Es geht an dieser Stelle nicht darum, dass dieser Gott egoistisch mit keinem anderen seine Gottheit teilen wollte, auch nicht, dass er die exklusive Zuneigung aller Menschen forderte, sondern diese Exklusivität bezieht sich auf das Bundesverhältnis zwischen ihm und Israel. Fremdgötterverehrung bzw. Götzendienst ist die eine Sünde, die Gottes „engagierte/leidenschaftliche" Reaktion dermaßen deutlich hervorruft.

Die Erzählung vom Goldenen Kalb (2 Mo 32–34) nimmt dieses Thema auf und zeigt, was für Israel diesbezüglich auf dem Spiel steht. Gott wird im Ernstfall seinem Volk seine Gegenwart entziehen und damit dem Untergang preisgeben. Bis in die Zeit des babylonischen Exils bleibt der Fremdgötterkult, meist verbunden mit Bilderverehrung, die größte Gefahr für Israels Existenz. **Nur aufgrund von Gottes Willen zum Erhalt der Beziehung zu Israel und damit seiner Bereitschaft zu vergeben, ist es möglich, dass Gott im Heiligtum bei seinem Volk wohnen will und weiterhin mit Israel durch die Wüste zieht.** Diese Vergebungsbereitschaft wird dort parallel zu den hier angezeigten Konsequenzen formuliert (vgl. 20,5b-6 mit 34,6-7).

An diesem doppelten Ausblick in die zukünftigen Generationen (20,5c-6) wird deutlich, dass die menschliche Einstellung zu Gott weitreichende Konsequenzen haben wird. Es wird ein eklatantes **Missverhältnis zwischen Fluch und Segen** formuliert. Drei oder vier Generationen wohnen in Israel in einer Großfamilie zusammen, Tausende von Generationen ist eindeutig eine Zahl, die „einen sehr langen Zeitraum" meint.

Ahndet Gott nun aber tatsächlich die Schuld der Väter an den Söhnen? Wäre das nicht ungerecht? Diese Gedanken haben oft die Diskussion zur Stelle dominiert. Das hebräische Verb, welches hier mit „ziehe zur Rechenschaft" übersetzt ist, kann auch mit „gedenken", „auf etw./jmd. achten" wiedergegeben werden. Jüdische Ausleger des Mittelalters fassen den Sinn wie folgt: „Ich (Gott) sammle eure Sünden bei Mir ein und lasse sie in der Schwebe bis ins vierte Geschlecht" (R. Gradwohl, Bibelauslegungen aus jüdischen Quellen, Bd. 2, Stuttgart 3. Aufl. 2002, 77). Gott bestraft also die Untreue nicht sofort, sondern erst viel später, falls sie andauert, d. h. bei „denen, die mich hassen"). Eine weitere Erklärung wären die **Folgen von Sünde für den nächsten Familienkreis** des Sünders. Eine Familie ist ein komplexes soziales Gebilde. – Wenn ein Familienmitglied etwas tut, so hat dies möglicherweise ungeahnte Auswirkungen auf alle anderen Mitglieder. Das gilt sogar für die moderne Realität, die uns an einen radikalen Individualismus glauben lassen will, der genau solche ganzheitlichen Folgen von Verhalten ausklammert und sie als überwindbar darstellt. Man müsse sich nur selbst treu sein und sein eigenes Ding durchziehen, authentisch sein. Diese Weltsicht ist definitiv nicht biblisch oder israelitisch oder altorientalisch. So hätte auch niemand daran Anstoß genommen, dass hier von weitreichenden, überindividuellen Folgen von Schuld gesprochen wird. Im biblischen Weltbild wird Schuld auch nicht biologisch oder magisch weitergegeben. Doch sie hinterlässt generationsübergreifende Spuren. Religiöse Untreue, wie jede andere Sünde auch, hat Konsequenzen über die Einzeltat hinaus. Sie beeinflusst möglicherweise ganze Generationen, da diese mit der Verfehlung des (Urgroß-)Vaters umgehen müssen bzw. dadurch geprägt wurden. Eine Sippenhaft sieht das Alte Testament nicht vor (vgl. 5 Mo 24,16; Jer 31,30; Hes 18,20).

Wie dem auch sei, der Kerngedanke des vorliegenden Textes besteht in dem bereits angedeuteten Missverhältnis von Strafe und Gnade im Verhältnis von Gott zu Mensch. Es ist dieses Missverhältnis, welches Gott als einen gnädigen und sehr geduldigen Gott charakterisiert, der einen Bundesbruch dennoch sehr ernst nimmt – dafür hat er Wille, Macht und ... Zeit.

Fluch und Segen sind Kernelemente eines jeden altorientalischen Vertragsschlusses. Sie stehen hier am Übergang der Grundsatzerklärung zu den Einzelgeboten. Martin Luther nimmt in seinem **kleinen Katechismus** diesen letzten Abschnitt aus seinem Kontext heraus und stellt ihn seiner Übertragung der Zehn Worte nach. Damit betont er, dass alle Gebote von diesem Einblick in Gottes Ernsthaftigkeit und Gnadenbereitschaft getragen werden. Das Miteinander von Respekt bzw. Ehrfurcht vor Gott und dem Vertrauen auf seine Gnade spiegelt Luthers Einstiegssatz in seinen Kommentaren zu jedem einzelnen Gebot: „Wir sollen Gott fürchten und lieben, dass ..." Dieser wird bzgl. des Kultbilderverbots nur ganz knapp ergänzt: „... und vertrauen." Damit kommt Luther dem Sinn dieses Gebots in denkbar knapper Weise sehr nah.

Der Name des Herrn ist unantastbar

2. Mose 20,7

3

EINSTIEG

(15–20 Minuten) Wählen Sie bitte eine oder zwei Fragen aus.

1. Haben Sie in der Nachbarschaft evtl. Götzenbildnisse gefunden? Was ist Ihnen aufgefallen?
2. Was bedeutet Ihnen Ihr Name? Ist er ein (willkürliches) Label? Ist er emotional aufgeladen? Würden Sie ihn ändern wollen? Wie gehen andere mit Ihrem Namen um?
3. Was ist Ihre Einstellung zu solchen Floskeln wie „Oh mein Gott“, „Jesses“, „Herrgott noch einmal“ ...?

BIBELTEXT

20,7 Du sollst den Namen des HERRN, deines Gottes, nicht missbrauchen. Denn der HERR wird niemand ungestraft lassen, der seinen Namen missbraucht.

BIBELGESPRÄCH

(30–40 Minuten) Wählen Sie ggf. unter den Fragen aus.

1. Was vermuten Sie, warum ab jetzt die Rede von Gott in der dritten Person formuliert ist (nicht mehr „ich, mein ...“, sondern „er, dein ...“)?
2. Was verbirgt sich hinter dem in Großbuchstaben gedruckten Wort „HERR“?
3. Rufen Sie sich ins Gedächtnis, was in 2 Mo 3,11-15 über den Gottesnamen ausgesagt wird. Welchen Bezug sehen Sie zum vorliegenden Verbot?
4. Im vorangehenden Verbot ging es um den Raum der Kunst. Hier geht es um den Raum der Sprache. Sehen Sie Verbindungen zwischen den beiden Verboten?

AUSTAUSCH

(15–30 Minuten)
Wählen Sie ggf. unter den Fragen aus. Sie können das Gespräch mit einem gemeinsamen Gebet abschließen.

1. Stichwort „Gottesinflation“ ... Wenn es eng wird, dann wird Gott sprachlich schnell bemüht (siehe oben die Einstiegsfrage 3). Inwiefern könnte diese Tendenz etwas mit dem Namensmissbrauchsverbot zu tun haben? (Siehe auch die Erläuterungen.)

2. Eine Herausforderung: Lesen Sie das folgende Gedicht und diskutieren Sie, inwiefern Marti hier Aspekte des Namensmissbrauchsverbots ausdrückt:

   die passion des wortes “gott“ (Kurt Marti, 1972)

   das blutet aus allen wunden
   das ist vergewaltigt worden von herrschern und herrscherinnen
   das ist verraten zertrampelt zerschossen gefoltert geköpft gerädert gevierteilt gezehnteilt worden die verlorenen glieder wurden ersetzt durch monströse prothesen
   das ist sich selber und uns und allem entfremdet
   ist schizo und psycho und neuro
   das ist zerstochen über und über (nadeln mit denen fremde substanzen injiziert worden sind)
   das agonisiert ohne ende
   ist vielleicht schon tot oder noch nicht oder das
   consilium der ärzte diskutiert noch zur zeit
   und ALSO wurde das wort GOTT zum letzten der wörter
   zum ausgebeutetsten aller begriffe
   zur geräumten metapher zum proleten der sprache

   (K. Marti, schon wieder heute. Ausgewählte Gedichte, [Neuwied] 1982, 75)

3. Heinrich Böll schlug vor, dass man das Wort „Gott“ eine Zeit lang in Ruhe lassen solle, es also nicht so häufig benutzen sollte, da es sich abnutzen würde. Oder sollte man es vielmehr mehr in Umlauf bringen; versuchen, es neu und biblisch zu füllen?

KONKRETE SCHRITTE

Entscheiden Sie, was Sie in der kommenden Woche ganz praktisch tun wollen.

1. Luther erklärt: „Wir sollen Gott fürchten und lieben, dass wir bei seinem Namen nicht fluchen, schwören, zaubern, lügen oder trügen, sondern denselben in allen Nöten anrufen, beten, loben und danken.“ Versuchen Sie, die nächsten Tage bewusst darauf zu achten, wie Ihre Sprache Ihre Überzeugungen zu Gott spiegelt – nicht nur im Vermeiden, sondern vielleicht sogar eher im positiven Gestalten. Notieren Sie gerne die eine oder andere Einsicht.

2. Was möchten Sie nach der Beschäftigung mit 2 Mo 20,7 besonders festhalten? Was möchten Sie konkret in die Praxis umsetzen – im Blick auf Ihre Einstellungen, Ihr Denken, Ihre Worte und Ihr Handeln?

Gottes Gnade und sein Ausschließlichkeitsanspruch werden in den folgenden Geboten und Verboten entfaltet. Nun wird die erste Person („Ich bin ...") des ersten Teils des Dekalogs verlassen und in der dritten Person von Gott geredet („den Namen Gottes"). Das ergibt gerade auch für das Namensmissbrauchsverbot (20,7) Sinn, denn ein einfaches „mein Name" würde nicht denselben Eindruck hinterlassen wie die Rede von „JHWH".

Exkurs zum Gottesnamen:
In deutschen Bibelübersetzungen wird der **Gottesname JHWH** für gewöhnlich mit dem (großgeschriebenen) HERR wiedergegeben. Das entspricht der jüdischen Tradition, die den Gottesnamen aus Respekt (und in bewusster Achtung dieses Gebots) nicht ausspricht. Im jüdischen Sprachgebrauch wird JHWH heute mit Adonai (mein Herr) oder Ha-Schem (der Name) wiedergegeben. Häufig wird auch „der Ewige" (im Anklang an das hebr. Verb chajah – leben) oder „Der Heilige, gelobt sei er ..." in der Rede von Gott benutzt. Die vier Konsonanten (JHWH) wurden unterschiedlich vokalisiert (z. B. als „Jehova"), aber die Aussprache als Jahwä hat sich in der christlichen Theologie durchgesetzt.

Im Gesamtzusammenhang des 2. Mose spielt der Gottesname eine besondere Rolle. Im **Dialog zwischen Mose und Gott am Dornbusch** wird dieser Name theologisch reflektiert (vgl. 2 Mo 3,11-15). Das Wissen um diesen Text kann für die Zehn Gebote vorausgesetzt werden. Dort stellt Mose die Frage nach der Identität Gottes („Wer bist du?"). Die Antwort Gottes macht deutlich, dass Moses Frage auf die Bedeutung Gottes abzielt. So wird die „Ich bin"-Formel zum Ausdruck von Selbstbewusstsein, Macht und Fähigkeit. Entsprechend wird diese Formel im altorientalischen Kontext Israels ausgiebig von Monarchen und Göttern jeweils für sich selbst genutzt. In der hebräischen Bibel allerdings scheint sie JHWH vorbehalten zu sein.

Im Kontrast zur Aussage Gottes steht die negative Autoritätsformel „Wer bin ich, dass ...?" (3,11) von Mose als Ausdruck seiner scheinbaren oder tatsächlichen Bedeutungslosigkeit. Selbstverständlich lässt sich diese negative Autoritätsformel auch in der zweiten oder dritten Person nutzen, um die Autorität eines anderen herauszufordern. So fragt der Pharao in 5,2: „Wer ist der HERR, dass ich auf ihn hören und Israel gehen lassen sollte?" Offensichtlich steht hier nicht ein Informationsdefizit seitens des Pharao im Hintergrund, sondern mangelnde Bereitschaft zur Unterordnung. „Gott zu kennen" beinhaltet sogar für den Pharao Unterordnung unter diesen Gott, (die er verweigert). Wie viel mehr sollte dies für einen Israeliten gelten, der diesen Gott als den seinen anerkennt. Die Selbsterniedrigung Moses und Anerkenntnisverweigerung des Pharao ist also die Folie, vor der die Bedeutung des Gottesnamens an Profil gewinnt. **Es geht um Gottes Autorität.**

„Ich bin, der ich bin" (3,14) ist letztlich ein **Wortspiel.** Das hebräische Wort JHWH klingt an das Verb hjh (sein) an. Es gibt zahllose Versuche, dieses Wortspiel in seiner Bedeutung klar festzulegen. Die kurze Diskussion des Gottesnamens im Gespräch am Dornbusch gibt das allerdings in keiner Weise her. Gerade, weil es hier um ein Wortspiel geht und dann auch noch dieses Wortspiel eine Erklärung von Gleichem mit Gleichem ist, so ähnlich wie „grün ist grün", d. h. ohne großen Erkenntnisgewinn, muss davon ausgegangen werden, dass sich die Bibel hier nicht festlegt. Diese Deutungsoffenheit ist Programm und trifft damit den Kern des Textes. Wenn man über Gott etwas Genaueres wissen will, so wird man in der Bibel auf Geschichte verwiesen, auf das, was Gott getan hat, und das, was er gesagt hat, also auf seine Offenbarung. Ein Name kann nie eine gute Beschreibung Gottes sein. So wird hier die Aussage verweigert, indem ein unbestimmtes Wortspiel den Blick für die viel größere Realität Gottes öffnen soll. Der Text in 2. Mose 3 ist unmissverständlich, dass mit Gottes Antwort die Sache erledigt ist, dass keine weitere Information, kein neuer Name kommen wird. Den Gottesnamen kennt der Leser, das beigefügte Wortspiel erklärt ihn aber nicht wirklich und somit wird er hier dazu angeleitet, diesen vom Auszug her zu füllen. In der Patriarchenerzählung (in 1 Mo 12–50) war dieser Gott JHWH bekannt dafür, Verheißungen zu geben; in den Ereignissen um den Auszug aus Ägypten wird er als der erkannt, der diese Verheißungen erfüllt.

Inhaltlich hat die „Erklärung“ des Gottesnamens mit dem Satz „Ich bin, der ich bin“ zwei Aspekte: einmal die **Autorität**, wie eben angedeutet, und inhaltlich natürlich die **Verweigerung einer direkten Antwort**. Man kann über Gott nicht auf dem Niveau von „Was ist sein Name?“ reden. Den Namen einer Gottheit zu kennen, macht im altvorderorientalischen Kontext diesen Gott in gewissem Grade verfügbar. Damit sind wir gedanklich ganz in der Nähe vom vorangehenden Verbot der Götzenbilder, denn auch dort ging es darum, dass die Gottheit dem Anbetenden in der Statue sozusagen verfügbar wäre. Wenn man den Namen weiß, so kann man diesen Gott ansprechen, ihn in Anspruch nehmen. Dies aber wird nun mit JHWH nicht gelingen. So könnte man die gegebene „Erklärung“ des Gottesnamens als **„Lass mich sein, der ich sein werde/als der ich mich erweisen werde“** ausformulieren. Der Gott Israels hat sich im Zusammenhang mit dem Auszug aus Ägypten als der treue Gott erwiesen, der seine Versprechen an die Erzväter (Abraham, Isaak, Jakob) in der neuen Situation umsetzt: sein Volk befreit, es mit seiner Gegenwart beschenkt, versorgt und schützt.

Das Gebot, das den Gottesnamen vor Missbrauch bewahren soll, wird durch den Hintergrund aus den früheren Kapiteln des 2. Mose konkreter: **Israel darf sich nicht der Illusion hingeben, dass ihr Gott mittels des Namens ihnen verfügbar wäre.** Er distanziert sich aber nicht, sondern sein Name erinnert sie immer wieder daran, welche Geschichte sie mit ihrem Gott haben, der für sie handelt und sie segnet.

V. 7 konkretisiert den im ersten Teil der Zehn Gebote ausgedrückten Ausschließlichkeitsanspruch Gottes für den sprachlichen Alltag. Gott ernst zu nehmen fängt bei der Rede über ihn an und so wird der Gottesname, der immer schon mehr als eine Bezeichnung war, als heilig bezeichnet, also von allem Profanen (Gewöhnlichen) abgesondert. Missbrauch liegt dann vor, wenn der Gottesname zu Schall und Rauch verkommt, nichtssagend und bedeutungslos wird, egal ob dabei geflucht, gezaubert (einer der Aspekte, der M. Luther wohl sehr wichtig war), ein Meineid geleistet oder einfach so dahingeredet wird.

Im hebräischen Text wird verboten, dass man den Gottesnamen zu „Nichtigem erhebe“. Möglicherweise ist Ihnen dieser Wortlaut aus anderen deutschen Übersetzungen bekannt. Das „Erheben“ ist wahrscheinlich einfach die Kurzform von „zu Lippen erheben“, d. h. einfach „aussprechen“ (vgl. Ps 16,4). Vielleicht ist hierdurch ausgedrückt, dass es vor allem um das konkrete, hörbare Aussprechen des Namens im Rahmen einer sprachlichen Handlung geht, nicht einfach nur ein Gedanke oder das nachdenkende Gespräch über Gott. Sprachliche Handlungen wären klassischerweise z. B. das Schwören vor Gericht, was eine Wirklichkeit schafft, die über die Sprache hinausgeht (Ps 144,8.11; Jes 59,4; Hos 10,4). Gerade solche Kontexte sind dadurch gefährdet, dass man versucht ist, sich göttlicher Autorität für die eigene Rede anzumaßen. Bei „Nichtigkeit“ im Zusammenhang mit sprachlichem Handeln ist wohl vor allem an Unehrlichkeit, Lüge und Nutzlosigkeit zu denken (vgl. Ps 12,3; 41,7; Spr 30,8; Hes 13,8; Sach 10,2). In diesen Zusammenhängen hat Gottes Name nichts zu suchen, weder bewusst noch aus Gewohnheit.

Darüber hinaus ist der Gottesname im Alten Testament häufig der bildliche Ausdruck der göttlichen Gegenwart. So redet, direkt im Anschluss an den Dekalog, das Altargesetz (2 Mo 20,22-26) davon, dass sich JHWH selbst den Ort seiner Verehrung aussuchen wird: „Ich werde Orte bestimmen, an denen man meinen Namen verehrt. An all diesen Stätten könnt ihr mir opfern, und ich werde euch nahe sein und euch segnen“ (20,24). Diesen Namen zu missachten oder für eigene Zwecke zu missbrauchen stellt eine Mindestanforderung für diejenigen dar, die sich in enger Beziehung zu diesem Gott wissen.

Obwohl es also um Gott geht, geht es nicht zuerst um den Gottesdienst, sondern ganz bewusst um den **Alltag**. Vor allem natürlich um den Alltag derer, die sich nach Gott nennen (Israel). Wenn sie sich in Gottes Namen unwürdig verhalten, so färbt dies auch auf Gott selbst ab. Hieran zeigt sich auch, dass dieses Verbot nicht darauf aus ist, Gott zu schützen, sondern den Menschen, der sich selbst (oder auch andere!) durch einen leichtfertigen Umgang mit dem Gottesnamen gefährdet.

Die Strafandrohung bleibt sehr allgemein und wird lediglich negativ ausgedrückt: „… nicht ungestraft lassen". Doch wirkt die unkonkrete Strafandrohung emotional sehr intensiv. Es ist „dein" Gott, d. h. eine Beziehung besteht, und diese nimmt beide Partner in Anspruch. Auch hier drückt sich die Eifersucht Gottes aus (20,5).

Positiv wird dasselbe Anliegen im Gebet „**Vaterunser**" thematisiert: **„Dein Name werde geheiligt!"** (Mt 6,9). Gott anzurufen ist schon etwas Spezielles – man sollte sich der Dimension bewusst sein, die man durch den Verweis auf Gott hinzuzieht. Der im Gebet folgende Satz „Dein Wille geschehe" lässt sich als Konsequenz verstehen: Die Autorität Gottes, ausgedrückt durch seinen Namen, schließt die Akzeptanz des Gotteswillens für die eigene Situation mit ein. Gott hat das Sagen beim Beter – auch das wird durch die Achtung des Gottesnamens ausgedrückt.

„Ein guter Mensch bringt Gutes hervor, weil sein Herz mit Gutem erfüllt ist. Ein böser Mensch dagegen bringt Böses hervor, weil sein Herz mit Bösem erfüllt ist. Denn wie der Mensch in seinem Herzen denkt, so redet er" (Lk 6,45). Lukas zeigt hier die dahinter stehende Psychologie auf. Das Innere des Menschen, seine Haltungen, äußern sich durch seinen Umgang mit Sprache. Es würde sicher zu weit führen, die Verrohung der Sprache (die es übrigens immer schon gab, nicht erst heute) ursächlich mit dem Namensmissbrauchsverbot zu verbinden, doch sowohl das Verbot als auch gesellschaftliche Entwicklungen zeigen an, dass Sprache ein wichtiger Raum ist, der gepflegt sein will. Es ist gut, über Sprachentwicklungen zu diskutieren, auch wenn es keine biblischen Vorgaben geben sollte, auch wenn die Fragen komplex sind. Wichtig ist ein geschärftes Bewusstsein für die Konsequenzen unserer Rede.

Theologisch weiten könnte man die Diskussion zum Gottesnamen – ganz im Sinne dieses Gebots – mit der Frage nach dem Gebrauch des Wortes „Gott" an zentralen Stellen unserer eigenen Gesellschaft. Dominik Markl bespricht die **Verwendung des Wortes „Gott" im Rahmen des deutschen Grundgesetzes**:

„‚Gott' in der Verfassung? […] Dieser archimedische Punkt ist für die Verfassung des biblischen Volkes alles: Gründer, Retter, Vertragspartner, König, Gesetzesgeber, werbender und eifernder Liebhaber. Ohne Gott kein Volk, keine Freiheit, keine Identität, kein Recht, kein Ethos, keine Geschichte, keine Religion. Kein Universum, nichts" (D. Markl, Der Dekalog als Verfassung des Gottesvolkes: Die Brennpunkte einer Rechtshermeneutik des Pentateuch in Exodus 19-24 und Deuteronomium 5. Stuttgart: Herder, 2007). Markl stellt dann die Frage, ob nicht „Gott" auch in den heutigen Verfassungen eine ähnliche Rolle übernimmt, wie es für Israel der Fall war. Für die Israeliten war es ja ganz klar und wesentlich, dass sie ihre politische und soziale Gemeinschaft nur von „Gott" ableiten können. Sie fühlten sich von Gott in Anspruch genommen und wollten diesem Anspruch gerecht werden. Ihre ganze soziale Einheit hing von Gott ab – nicht von Abstammung oder einer gemeinsamen Sprache.

Markl findet, dass sowohl eine Gefahr als auch eine Chance in der Rede von Gott in den modernen Verfassungen besteht: Die Gefahr sei, dass man „Gott" missbrauche um die eigene, begrenzte Gesellschaft mit ihren Interessen zu legitimieren: „unser Gott" als Ausdruck eines ausgrenzenden Eigeninteresses – und das, obwohl das Wort „Gott" doch immer einen universalen Anspruch hat („Gott" als „der eine Gott für alle").

Die Chance sei, dass man auch das Gegenteil bewirken kann: Das Wort „Gott" kann Ausdruck dafür sein, dass menschliche Macht beschränkt ist, dass es Dinge gibt, die für alle Menschen gleichermaßen gelten (Ethik und Würde). Die Gefahr liegt also darin, dass wir Menschen uns Gott für unsere eigenen Ideen und Ansprüche dienstbar machen. Die große Chance liegt darin, dass Gottes Ansprüche unsere eigenen Ansprüche relativieren und ihnen eine Grenze setzen. Wir sind nicht wichtiger als alle anderen Menschen – das drücken wir letztlich durch den Verweis auf Gott aus, der biblisch gesehen ja der Vater aller Menschen ist.

4 Ruhe!

2. Mose 20,8-11

EINSTIEG
(15–20 Minuten)
Wählen Sie bitte eine oder zwei Fragen aus.

1. Kennen Sie eine jüdische Familie, die den Sabbat hält? Oder hat jemand eine Doku zum Sabbat gesehen? Was ist Ihnen aufgefallen?

2. Was bedeutet Ihnen ein arbeitsfreier Tag pro Woche? Was bedeutet er dem Arbeitgeber?

3. Welche Entwicklungen bzgl. des arbeitsfreien Tages haben Sie in Ihrer Lebenszeit bislang erlebt?

BIBELTEXT

**20,8 Du sollst den Ruhetag einhalten und als heiligen Tag ach-
ten. 9 Du hast sechs Tage, an denen du all deine Arbeit ver-
richten kannst. 10 Aber der siebte Tag ist ein Ruhetag, der dem
Herrn, deinem Gott, gehört. An diesem Tag sollst du nicht
arbeiten. Das gilt auch für deine Söhne und Töchter, deine
Knechte und Mägde, dein Vieh und die Fremden, die bei dir
leben. 11 Denn der HERR schuf den Himmel, die Erde und das
Meer mit allen Lebewesen, die sie bevölkern, in sechs Tagen,
und am siebten Tag ruhte er. Darum segnete der HERR den Ruhetag und erklärte ihn für heilig.**

BIBELGESPRÄCH
(30–40 Minuten)
Wählen Sie ggf. unter den Fragen aus.

1. Vergleichen Sie diesen Text mit 5 Mo 5,12-15. Was sind die Unterschiede? Wie bewerten Sie diese?

2. Die Ruhe geht von Gott aus; der Mensch wird einbezogen. Gibt es Unterschiede von Gottes Ruhe in der Schöpfungserzählung (1 Mo 2,1-3) und der Ruhe, die hier gefordert wird?

3. Was hat die vorherige Erfahrung von Zwangsarbeit (Ägypten!) mit diesem Gebot zu tun? Kann das heute noch als Begründung gelten?

4. Welches Menschenbild wird mit dem Sabbatgebot ausgedrückt? Was lässt sich evtl. für die Beziehung zur nichtmenschlichen Schöpfung ableiten?

5. Welche Rolle sollte (Erwerbs-)Arbeit im Leben des Einzelnen und der Gemeinschaft spielen?

AUSTAUSCH

(15–30 Minuten) Wählen Sie ggf. unter den Fragen aus. Sie können das Gespräch mit einem gemeinsamen Gebet abschließen.

1. Wenn Sie sich festlegen müssten: Welcher einzelne Aspekt ist beim Ruhetag für Sie der wichtigste?

2. Den Sabbat zu halten ist eines der wichtigsten Erkennungszeichen des Judentums. Woran könnte es liegen, dass er diesbezüglich zu wichtig wurde? Was kann man damit nach außen ausdrücken? Würden Sie den Sonntag als ähnliches Erkennungszeichen der Christen verstehen wollen? Welche anderen Zeichen könnten sinnvoll(er) sein?

KONKRETE SCHRITTE

Entscheiden Sie, was Sie in der kommenden Woche ganz praktisch tun wollen.

1. Der Sabbat hatte damals handfeste sozialpraktische Konsequenzen und wurde als Segen auch für Nichtjuden verstanden. Er drückt einen sehr menschenfreundlichen Aspekt jüdischer Weltsicht aus. Davon ausgehend: Wie könnte Ihre Kirchengemeinde in ähnlicher Weise ein Segen für ihre unmittelbare Umwelt sein? Wie wäre es, über die nächsten Tage die Ideen in einer Chatgruppe zu sammeln? Vielleicht könnte man ja eine kleine Aktion damit anstoßen ...

2. Was möchten Sie nach der Beschäftigung mit 2 Mo 20,8-11 besonders festhalten? Was möchten Sie konkret in die Praxis umsetzen – im Blick auf Ihre Einstellungen, Ihr Denken, Ihre Worte und Ihr Handeln?

Allgemeines:
Die Praxis eines Ruhetags im konsequenten **Siebentagesrhythmus** findet in parallelen Kulturen des alten Vorderen Orients keine Entsprechung, ist also eine israelitische Besonderheit. Im Umfeld Israels arbeitete man allerdings auch nicht ohne Unterlass. Feiertage gab es viele – zu den verschiedensten Anlässen. Bei der israelitischen Praxis fällt auf, dass es keinerlei Anlass für den Ruhetag im Kalendersystem gibt, sei es der Sonnen- oder Mondkalender. Jahreszeiten spielen keine Rolle, Konstellationen am Sternenhimmel ebenfalls nicht.

Die einzige Begründung für den Ruhetag kommt aus der Schöpfungserzählung. Der **Ruhetag** wird im hebräischen „Sabbat" genannt: **Sabbat kommt von „Ruhe"**. Dahinter steht das hebräische Wort für aufhören/nicht weitermachen. Das einmalige Schöpfungsereignis in grauer Vorzeit bildet die Basis – sechs Tage des Schaffens, ein Tag der Ruhe. Dabei wird sogar der Rhythmus von Tag und Nacht übernommen: Es wurde Abend und es wurde Morgen: ein Tag. So beginnt der jüdische Sabbat am Freitagabend mit dem Sonnenuntergang und erstreckt sich bis zum Samstagabend, sobald drei Sterne am Himmel zu sehen sind.

Das Sabbatgebot (20,8-11) entspricht dem vorangehenden Gebot insofern, dass auch hier etwas ausgesondert wird. Diesmal ist es **eine heilige, eine abgesonderte Zeit**. Der Sabbat wiederholt sich seit der Schöpfung alle sieben Tage, aber er muss vom Menschen geheiligt werden, sonst würde er unbemerkt vergehen. Wie ist dieser Tag hervorzuheben aus der ewig gleichen Abfolge von Sonnenuntergang und Sonnenaufgang? Der **Verzicht auf Arbeit** ist das herausstechende Merkmal dieses Tages. Dieses Nicht-Arbeiten ist allerdings nicht direkt mit dem Kult/Gottesdienst verbunden, obwohl dieser Tag, parallel zu anderen Festen, eine Zeit ist, die auf Gott bezogen und ihm gewidmet ist, weil sie ihm gehört. Nicht nur geistliche Beschaulichkeit ist am Sabbat zu pflegen, sondern es geht gerade um das bewusste Nicht-Arbeiten, um das Zur-Ruhe-Kommen.

V. 10. Die umfangreiche Aufzählung in 20,10 mag verwundern, denn bedenkt man die auffällige Kürze anderer Gebote in der Zehnerreihe, so hätte man auch so etwas erwarten können wie „Alle sollen nicht arbeiten." Die Aufzählung verdeutlicht einen wichtigen Aspekt der israelitischen Gesellschaft. Das **Verhältnis von Arbeit zu Nicht-Arbeit wird allein zeitlich bestimmt** und eben gerade nicht sozial. Im altorientalischen Denken sind Arbeit und Nicht-Arbeit auf Sklaven und Herren verteilt. Dies ist in Israel anders. Arbeit wird also nicht als Fluch der Götter gewertet, dem man so gut als möglich entfliehen muss, sondern als etwas Normales, von dem man aber ab und an, und vor allem regelmäßig, ruhen muss. Dieser soziale Aspekt wird in der wohl auffälligsten Abweichung der zweiten Version der Zehn Gebote in 5 Mo 5,15 noch stärker betont. Dort wird das Sabbatgebot ganz anders begründet: „Denke daran, dass ihr in Ägypten selbst Sklaven wart. Doch dann hat der HERR, euer Gott, euch mit starker Hand und ausgestrecktem Arm herausgeführt. Darum hat der HERR, euer Gott, euch befohlen, den Ruhetag zu feiern." Geht es also in 5 Mo eindeutig um die Erinnerung an die Errettung Israels aus ägyptischer Zwangsarbeit, so wird in 2 Mo von der Anlage der Schöpfung her argumentiert. Der Sabbat ist in beiden Fällen an ein Werk Gottes angeschlossen und nicht einfach ein soziales Arbeitnehmerrecht. Aus der religiösen Beachtung des Sabbats erwachsen soziale und arbeitsrechtliche Konsequenzen; diese sind aber nicht Grund und Ziel der Regelung, sondern ein (durchaus erwünschter) Nebeneffekt. Die Befreiung aus Sklaverei/Ungerechtigkeit/Unterdrückung hatte ein klares Ziel: Die Freiheit, die wir geschenkt bekommen haben, geben wir an die weiter, für die wir Verantwortung tragen (die Familie, unsere Mitarbeiter und sicher auch an die Leute, die unsere Kleidung in Bangladesch nähen und die in Nordbrasilien in gröbster Sklavenarbeit das Karnaubawachs für unsere Haribos produzieren – darunter viele Kinder). Es ist unsere Verantwortung, dass wir unsere Befreiung weitergeben an die, die noch nichts von der Freiheit spüren, die Gott eigentlich seit der Schöpfung für uns vorgesehen hat. Die Geschichte des Auszugs wird in 2 Mo mit deutlichen Untertönen an die Schöpfungsgeschichte erzählt: Aus dem Chaos der Unterdrückung wird Israel befreit. Die furchtbaren Plagen, mit denen der Pharao seine eigene Bevölkerung in größtes Chaos stürzt, kann man mit viel Recht als „Unschöpfung“ bezeichnen. Für Israel wird der Auszug zu einem Fest der Freiheit; sie gewinnen eine innere und äußere Ordnung und konstruieren dann in kreativer Schaffensfreude einen angemessenen Ort für ihr Gotteslob. Die Befreiung aus sklavenähnlichen Zuständen ist wie eine neue Schöpfung für die vorher Unterdrückten. Das Erinnerungszeichen dafür ist der Sabbat, der schon in der Wüstenzeit eingeführt wurde (2 Mo 16).

V. 11. Der Sabbat wird an dieser Stelle mit dem Tagesrhythmus der Schöpfungswoche (1 Mo 1,1–2,4) begründet. Dort ist es allerdings nicht die Erschöpfung, die Gott „ruhen“ lässt, sondern die **„Ruhe“ ist Ausdruck von Gottes erfolgreichem Handeln, welches das anfängliche Chaos und die Gestaltlosigkeit der Welt, überwunden hat.** Es ist wie bei einem König, der sich beim Amtsantritt einen neuen Palast baut und sich am siebten Tag auf seinen Thron setzt, um in Ruhe und großer Gelassenheit zu regieren. Genau das meint der Sabbat bei der Schöpfung: Die Welt ist nun so, wie Gott sie sich vorgestellt hat. Es ist alles perfekt geordnet, damit das Leben florieren kann.

Der siebte Tag porträtiert Gott als den inthronisierten König, der nun über eine geordnete Welt regiert. Im Dekalog definiert Gott den letzten Schöpfungstag als den Tag, an dem der Fokus der Menschen ganz auf ihm, dem Schöpfer selbst, liegen soll. Der Sabbat lädt den Menschen nun ein, in seinem Alltag Gott nachzueifern und am siebten Tag ebenso die Früchte seiner gestaltenden und ordnenden, seiner helfenden und heilenden Arbeit zu genießen. Am Sabbat sollen die Menschen all das tun, was dieser wunderbaren Schöpfung entspricht. Von diesem Bezug her wird das Sabbatgebot nicht nur als Zurückweisung verstanden, sondern positiv gefüllt.

Der Soziologe Zygmunt Baumann behauptet, dass unsere **moderne Arbeitsethik** auf zwei Grundannahmen basiert: 1. Um etwas für meinen Lebensunterhalt zu bekommen, muss ich etwas tun, was andere wertvoll finden und mich also dafür bezahlen (ich muss immer erst geben, dann bekomme ich was). 2. Es ist falsch (sowohl moralisch verwerflich als auch einfach nur dumm) mit dem zufrieden zu sein, was ich habe – wenn ich eigentlich mehr haben könnte. Ruhen ist nichts Ehrbares, es sei denn, ich ruhe, damit ich neue Kraft bekomme für mehr Arbeit. In dieser Logik ist arbeiten gut, nicht zu arbeiten ist böse.

Ist das wirklich so? Muss das so sein? Ganz oft sind wir Getriebene und sehnen uns nach der Erlaubnis, endlich mal „abzuhängen“, ohne uns dafür rechtfertigen zu müssen. In einer Gesellschaft, in der sich sehr viel um Selbstoptimierung dreht, kann sogar das Ruhen in diesem Leistungssinn verstanden werden: Pausen mit der entsprechenden App, Sekundenschlaf für mehr Kreativität und bessere Problemlösekompetenz, Entspannung: natürlich achtsam und progressiv. Alles wird optimiert und wer zu früh mit zu wenig zu zufrieden ist, der gilt als *underperformer* und damit als Last. Hier wird deutlich, was durch die moderne optimierte Ruhe ausgedrückt wird. Der Sabbat soll hingegen etwas ganz anderes ausdrücken.

In erster Linie geht es darum, einer Überzeugung Ausdruck zu verleihen: **Ich bin nicht für alles verantwortlich. Ich bin von Gott abhängig – und das ist auch gut so.** Daher muss ich Gott vertrauen, dass er für mich sorgen wird, selbst wenn ich einen Tag pro Woche nicht arbeite. Gott ist der Schöpfer und Erhalter. Ich bin das Geschöpf und der, der ohne Gottes Erhaltung sofort zugrunde gehen würde. Daran erinnere ich mich am Sabbat.

Darüber hinaus ist der Sabbat im Alten Testament ein Hinweisschild auf die neue Schöpfung. Ein Symbol für die Hoffnung, dass Gott Ordnung und Freiheit schenken wird. Das hängt damit zusammen, dass es allgemeine menschliche Erfahrung ist, dass die Welt (noch) nicht so ist, wie sie sein sollte.

Sabbat und Sonntag:
Es stellt sich für Christen die Frage nach dem **Bezug zum Sonntag**. Die Grundidee zum Sonntag stammt tatsächlich vom Judentum. Die ersten Christen waren alle Juden und viele hielten sich wahrscheinlich auch an die große Tradition des Sabbats. Später wurde dann allerdings der Auferstehungstag von Jesus zum Tag des Gottesdienstes. Als sich das Christentum immer mehr vom Judentum entfernt hatte und genügend politischen Einfluss im Römischen Reich hatte, wurde der Sonntag zum freien Tag erklärt. Auffällig ist, dass es in der Frühzeit des Christentums keinen direkten Anschluss an den Sabbat an sich zur Begründung des Sonntags gibt.

Schon gar nicht wird für den Sonntag eine ökonomische Begründung gegeben: Damit der Arbeitnehmer am Montag wieder mit voller Arbeitskraft dem Arbeitgeber zur Verfügung steht, sollte er am Sonntag entspannen. Dies entspricht dem, was oben bereits zur Zielrichtung des Sabbats gesagt wurde.

Heute noch halten Juden den Sabbat, je nach religiöser Intensität, normalerweise konsequent und als **Kernfrage der eigenen religiösen Identität**. Wer den Sabbat hält, ist Jude bzw. jeder Jude ist daran erkennbar, dass er den Sabbat hält. Jesus selbst ist als Jude demgegenüber erstaunlich entspannt, wie es beispielsweise in Mk 2,23–3,6 deutlich wird. Jesus will hier nicht einfach ein wenig provozieren. Er behauptet, dass seine Zeitgenossen den Sabbat falsch verstanden haben. Ihnen ging es primär darum, genau festzulegen, was am Sabbat noch erlaubt ist, was man noch tun kann, sodass es als Ruhe durchgeht. Jesus setzt dagegen, dass es beim Sabbat um viel mehr geht – nämlich um **das Tun des Richtigen, des Guten**. Der Sabbat soll den Menschen wohltun, sie nicht einsperren, sondern befreien, neues, volleres Leben ermöglichen. Dies entspricht dem Sabbat in der Schöpfungserzählung.

Ein Mensch, der in diesem Sinne den Sabbat hält, gibt sich selbst und anderen Freiraum für Kreativität; Freiraum dafür, das Leben zu feiern; Freiraum für Genießen und Begegnung. Im Kern geht es darum, Freiraum zu nehmen und zu geben für all das, was unser Menschsein regeneriert, sodass wir wieder ganz Menschen sein können. Dies entspricht im besten Sinne dem, was wir am Sonntag mit der Auferstehung Jesu feiern: den Anbruch der neuen Schöpfung mitten in der alten. In diesem Sinne „erben" wir Christen den Sabbat und verweisen gleichzeitig auf Jesus, indem wir in ihm den Grund und die Ermöglichung für unsere „Ruhe" sehen. Jesus ist der inthronisierte Schöpfer, der einer chaotischen Welt neue Ordnung ermöglicht.

Wenn die neue Schöpfung angebrochen ist, aber noch nicht komplett durchgesetzt ist, dann setzen wir mit dem Sonntag ein Zeichen der Hoffnung, ja der Gewissheit, dass Gott diesen Tag realisieren wird.

In allem Wissen um strukturelles und persönliches Chaos wissen wir, Juden und Christen, um Befreiung, Heilung, Hoffnung, Schönheit, Liebe, Ordnung und Gerechtigkeit. Damit werden alle Dinge, die wir in unserem Alltag tun und die genau diese Werte spiegeln, zu neuen Hinweisschildern für die angebrochene (aber noch nicht komplett realisierte) neue Schöpfung – Hinweisschilder auf Liebe, Gerechtigkeit, Vergebung, Kreativität, Hoffnung. Deshalb ist jeder Tag, an dem wir das Leben feiern und fördern, ein Sabbat – im besten Sinne des Wortes. **Jedes Mal, wenn wir ein wenig Ruhe in das Chaos dieser Welt bringen, zeigen wir, dass Gott regiert.**

Soll man das nur sonntags machen? Nein, aber an dem Tag, an dem wir an die Auferstehung (Ostern) erinnern, passt es natürlich ganz gut. Montag bis Samstag aber wäre auch gut – im kleinen Umfeld und auch im globalen Kontext.

Wenn wir den Auferstehungstag heiligen, dann tun wir dies am ehesten damit, ...

- dass wir uns selbst weniger wichtig nehmen
- dass wir uns bewusst machen, dass wir in unserem Leben nicht alles kontrollieren
- dass es nicht unsere eigene Kraft ist, die uns erhält
- dass wir unsere Existenz Gott anvertrauen
- dass wir für uns selbst Freiräume schaffen, die uns Leben geben, Kreativität ermöglichen
- dass wir für andere dieselben Freiräume ermöglichen.

Ohne sie gäbe es dich nicht

2. Mose 20,12

5

EINSTIEG

(15–20 Minuten)
Wählen Sie bitte eine oder zwei Fragen aus.

1. Welche Bedeutung haben Ihrer Meinung nach die Beziehungen zwischen den Generationen für unsere Gesellschaft? War das möglicherweise zu anderen Zeiten anders?

2. Kennen Sie eine Kultur, in der die Familienbeziehungen als deutlich wichtiger erachtet werden, als dies bei uns für gewöhnlich der Fall ist? Was könnten Gründe dafür sein?

3. Wie zufrieden sind Sie mit der Beziehung zu Ihren Eltern einerseits und Ihren Kindern andererseits?

BIBELTEXT

20,12 Du sollst deinen Vater und deine Mutter ehren. Dann wirst du lange in dem Land leben, das der HERR, dein Gott, dir gibt.

BIBELGESPRÄCH

(30–40 Minuten)
Wählen Sie ggf. unter den Fragen aus.

1. In einer stark agrarischen Gesellschaft, in der Familien sich mit ihrem Lebensunterhalt weitestgehend selbst versorgen – welche Bedeutung haben für diese Menschen gute Beziehungen über die Generationsgrenze hinweg? Denken Sie auch an Erbschaft, Rentensysteme, Landbesitz etc.

2. Welche Möglichkeiten für einen inneren Zusammenhang zwischen dem Gebot und dem Begründungssatz erkennen Sie?

3. „… der HERR, dein Gott“ verweist deutlich auf den Bund Gottes mit Israel, in diesem Fall auf die Landverheißung (vgl. z. B. 1 Mo 15,18-21; 17,8). Viele sehen in diesem fünften Gebot den Übergang von den Geboten mit dem Fokus auf Gott zu denen, die das Zwischenmenschliche regeln. Was haben diese beiden Bereiche miteinander zu tun? Inwiefern lassen sich diese Bereiche überhaupt trennen?

4. Lesen Sie Eph 5,21–6,9 als eine Predigt des Paulus, in der er versucht, dieses Gebot in seiner ganzen Breite auf seine damalige Situation anzuwenden. Was lernen Sie hier über die Dinge, die mit dem Gebot zwischen den Zeilen angesprochen sein könnten?

AUSTAUSCH

(15–30 Minuten) Wählen Sie ggf. unter den Fragen aus. Sie können das Gespräch mit einem gemeinsamen Gebet abschließen.

1. Welche Bedeutung könnte dieses Gebot in einer Kultur haben, in der „Generationenverträge“ staatlich geregelt sind?
2. Wie prägen Ihre eigenen Erfahrungen Ihren Umgang mit diesem Gebot?
3. Möglicherweise bedeutet das Befolgen dieses Gebots je nach Lebensphase Unterschiedliches. Spielen Sie ein paar Szenarien durch.
4. Wie einfach machen Sie es Ihren eigenen Kindern, Sie zu ehren?

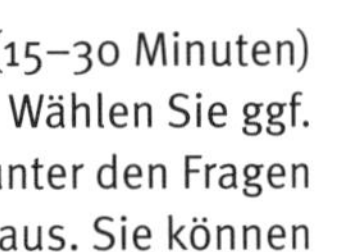

KONKRETE SCHRITTE

Entscheiden Sie, was Sie in der kommenden Woche ganz praktisch tun wollen.

1. Nehmen Sie sich gern ein oder zwei praktische Dinge vor, mit denen Sie in den nächsten drei Tagen Ihre Wertschätzung Ihren Eltern oder Kindern gegenüber ausdrücken wollen.
2. Was möchten Sie nach der Beschäftigung mit 2 Mo 20,12 besonders festhalten? Was möchten Sie konkret in die Praxis umsetzen – im Blick auf Ihre Einstellungen, Ihr Denken, Ihre Worte und Ihr Handeln?

____

____

____

____

____

____

Ab diesem fünften Gebot wird **verstärkt das zwischenmenschliche Miteinander** angesprochen. Konkreter Adressat ist der Einzelne als Glied der Gemeinschaft, das persönliche und verantwortliche „Du". Die Gebote bzw. Verbote nehmen keinerlei Rücksicht auf persönliche Lebensumstände, sind also bewusst allgemein-grundsätzlich gehalten. Das macht sie so anwendbar für spätere Generationen, jedoch auch offen für so manche fehlgeleitete Interpretation. So ist zum Beispiel hier die Frage nach Gehorsam gegenüber den Wünschen der Eltern nicht zwangsläufig im Vordergrund.

Auch wenn in manchen Kontexten heute das Elterngebot intuitiv so verstanden wird, dass es den Gehorsam der jungen Kinder gegenüber den Weisungen ihrer Eltern einfordert, scheint aus der Gesamtanlage des Dekalogs eher **der erwachsene, wohlhabende Mann mit Familie und eigenem Wirtschaftsbetrieb angesprochen zu sein** (vgl. das Sabbatgebot und das Begehrensverbot). So konzentriert sich auch dieses Gebot in erster Linie auf etwas, das erwachsene Kinder für ihre älteren Eltern tun sollten. Was bedeutet es nun für ein erwachsenes Kind einen Elternteil zu ehren? Ein Blick auf vergleichbare Texte aus dem Alten Orient wird helfen, die Bedeutung des Gebots zu klären.

Der altorientalische Kontext:

Ein vergleichbares Gebot, die Eltern zu ehren, findet sich im alten Vorderen Orient zwar nicht, aber die Idee und die damit verbundenen Begriffe tauchen häufig auf. Die Belege aus diesen Texten zeigen, dass Eltern zu ehren in der Regel bedeutete, dass **man sich um seine älter gewordenen Eltern kümmerte.** Es gab keine Pflegeheime für ältere Menschen, und der Staat bot keine Sozialversicherung für Rentner an. So war die Familie die einzige Möglichkeit, ältere Menschen im Alter zu pflegen und zu versorgen. Der wahrscheinliche Aufwand für die Kinder lässt vermuten, dass diese Verantwortung gerne zum eigenen Vorteil ignoriert wurde. Dies legt zumindest auch der Regelungsbedarf im Dekalog nahe.

War jemand kinderlos, so wurde in Mesopotamien auf die **Adoption** zurückgegriffen: Man adoptierte jemanden, der sich um einen im Alter kümmerte und im Gegenzug das Erbe bekam, wenn man starb. Diese Adoptionsfälle sind deswegen interessant, weil hier vertraglich die jeweiligen gegenseitigen Erwartungen schriftlich festgehalten wurden. So wird z. B. genau geregelt, wie viel Gerste, Wolle und Öl der Adoptierte den Alten monatlich zur Verfügung stellen musste. Im Gegenzug werden Feld, Haus und Garten der Alten als Erbe versprochen. Der Vertrag konnte aufgelöst werden durch die Worte „Du bist nicht mein Sohn/Vater." Dann gab es weder weitere Versorgung noch das Erbe. Es gibt auch Texte, die den Wunsch eines Vaters nach einem eigenen Sohn mit einer Liste von Dingen begründen, die von einem Sohn wohl standardmäßig erwartet wurden. Dazu gehörten: eine Stele (Erinnerungsstein) für die Vorfahren aufzustellen, die Bosheit seiner Feinde abzuwehren und Störenfriede zu vertreiben, seinen Arm zu ergreifen, wenn er betrunken ist, sein Dach zu fegen, wenn es schmutzig ist, und seine Sachen zu waschen, wenn sie dreckig sind.

Die Pflichten der Kinder gingen über den Tod der Eltern hinaus. So schreibt Seti I. nach dem Tod seines Vaters Ramses I., dass er ein Sohn sei, der seine Eltern ehrt, was er dadurch beweise, dass er den Namen seines Vaters bekannt hielt, den Körper seines Vaters schützte (durch Mumifizierung), Feste für ihn durchführte und Wasser und Blumen für seine Kultkapelle bereitstellte. Das Wachhalten der Erinnerung war nicht nur eine Pflicht für Könige, sondern für alle sozialen Schichten, auch wenn die eingesetzten Mittel dafür gering waren.

All dies wird gefasst unter den Begriffen die Eltern zu „ehren" oder sie zu „fürchten", d. h. **ihnen materielle Versorgung und praktische Hilfestellung zukommen zu lassen**. Kinder, die nicht für ihre Eltern sorgten, wurden beschämt. In Ägypten hatten die Eltern das Recht, ihre Kinder zu enterben, wenn diese im Alter nicht für ihre Eltern sorgten.

Der innerbiblische Kontext:
Deutlich wird die Zielrichtung des Ehrens, wenn man die negativ formulierten Parallelen beachtet: „Wer seinen Vater oder seine Mutter schlägt/verflucht, wird mit dem Tod bestraft" (2 Mo 21,15.17); „... Die Schuld dafür, dass sein Blut vergossen wird, trägt er allein. Denn er hat seine Eltern verflucht" (3 Mo 20,9; vgl. Mk 7,10); „Wer seinem Vater Gewalt antut und seine Mutter aus dem Haus vertreibt, ist ein schändlicher und missratener Sohn" (Spr 19,26).

Die Vorstellung, dass ein Kind getötet wird, weil es seine Eltern beschimpft hat, erscheint uns heute etwas extrem. Das hebräische Wort für jemanden verfluchen wird oft mit „entehren" oder „leichtfertig behandeln" übersetzt. Mit anderen Worten: **Fluchen ist das genaue Gegenteil des Gebots, die Eltern zu ehren.** Das Gebot hat eine Parallele zu der Art und Weise, wie man JHWH behandelt, denn wer Gott verflucht, muss sterben (3 Mo 24,10-16). Wie die Ehrung hat auch das Fluchen einen aktiven Aspekt. Das Verfluchen eines Tauben ist gleichbedeutend damit, einem Blinden einen Stolperstein in den Weg zu legen (3 Mo 19,14). Abimelech zu verfluchen bedeutete, die Verbindung zu ihm abzubrechen und ihm nicht mehr zu dienen (Ri 9,27). **Wer seine Eltern verflucht, hat sie faktisch verstoßen und seine Pflicht, für sie zu sorgen, willentlich und aktiv ignoriert.**

Gehorsam spielt in 5 Mo 21,18-21 eine gewisse Rolle, wobei es hier um konkretes Fehlverhalten seitens der Kinder geht: Verschwendung und Alkoholmissbrauch; beides Verhalten, welches den Zusammenhalt der Gemeinschaft untergräbt. Der Hintergrund der Formulierung in den Zehn Geboten scheint darin zu liegen, die Eltern vor Verstoßung aus dem Haus oder massivem Missbrauch zu schützen, wenn sie nicht mehr arbeiten können. Vernachlässigung wird ebenfalls dazu gehört haben – oft ist Unterlassung einfacher als aktives Schädigen, aber nicht weniger schädlich.

Obwohl Paulus das Gebot, die Eltern zu ehren, im Zusammenhang mit der Aufforderung an die Kinder, ihren Eltern zu gehorchen, zitiert (Eph 6,1-3), überträgt er das ursprüngliche Gebot hier wahrscheinlich auf das Leben von jüngeren Kindern. An anderer Stelle betont Paulus, wie wichtig es ist, für die eigene Familie zu sorgen: „Denn wenn sich jemand nicht um seine Angehörigen kümmert, vor allem um die, die unter einem Dach mit ihm leben, verleugnet er den Glauben und ist schlimmer als jemand, der nicht an Christus glaubt" (1 Tim 5,8). Das griechische Wort für „kümmern" ist ein relativ seltenes Wort, aber es bezieht sich gewöhnlich darauf, etwas zu planen bzw. für jemanden auf praktische Weise zu sorgen. Paulus ermahnt die Gemeinde mit Timotheus, ihre **Eltern zu ehren, indem sie ihnen praktisch helfen**.

In der Thora überwiegen die Verbote im Umgang mit den Eltern, in der Weisheitsliteratur des Alten Testaments jedoch die positiven Gebote. „Mein Sohn, gehorche deinem Vater, der dich erzieht, und lehne die Anweisungen deiner Mutter nicht ab" (Spr 1,8); „Wer die Erziehung seines Vaters verachtet, ist ein Dummkopf, wer jedoch auf Zurechtweisung hört, ist klug" (15,5) ...

Es wird deutlich, dass das Elterngebot der Zehn Gebote weiter reichen soll, als nur Schaden von den Eltern abzuwehren. **Sie haben eine nicht zu unterschätzende Aufgabe in der Gesellschaft**: die Weitergabe von Lebenserfahrung und Weisheit an die jüngere Generation. Damit haben sie eine Rolle, die weit über ihre Arbeitskraft hinausreicht. Wertschätzung und gar Verehrung, ein Aspekt, der beim hebräischen Wort für ehren mitschwingt (vgl. 3 Mo 19,3, in dem die Eltern gefürchtet werden sollen; sonst ein Verb reserviert für den Umgang mit Gott), stabilisieren eine Gesellschaft, in der die gegenseitige Abhängigkeit noch viel offenbarer ist als in der unsrigen, in der Solidarität oft staatlich organisiert wird. Vielleicht ließe sich hier einiges von Kulturen lernen, die ein größeres Gewicht auf die Achtung der älteren Generation legen (z. B. Japan).

Die Stellung des Gebots der Ehrerbietung gegenüber den Eltern im Dekalog am Übergang zwischen den auf Gott und den auf den Menschen ausgerichteten Geboten legt einen Zusammenhang zwischen Gott ehren und Eltern ehren nahe: Eltern sind zwar Menschen, aber wie Kinder sie behandeln, ist oft ein Hinweis darauf, wie sie Gott behandeln.

Bringt man den Aspekt der ideellen Ehrung und materiellen Versorgung zusammen, so ergibt sich ein rundes Bild davon, was dieses Gebot zu schützen versucht und welche Haltung dem Gebot entspricht. Diesem gesellt sich noch ein über die unmittelbare Generation hinausgehender Aspekt hinzu, der im folgenden Vers deutlich wird.

V. 12b. Das in den weiteren Geboten des Dekalogs angesprochene Du, die verantwortliche Einzelperson, ist allerdings ein unauslösbarer Teil der Gemeinschaft. Dies wird im Elterngebot besonders deutlich. Im Nachsatz zum eigentlichen Gebot wird **ein langes Leben verheißen,** welches den Adressaten unvermeidlich in die **Generationenfolge** stellt. Das bedeutet, dass auch er/sie einmal älter wird, Kinder hat und von ihnen geehrt werden will. Damit wird die innere Struktur Israels angesprochen, die als Kernzelle die Familie hat und so lange stabil sein wird, wie die Familien stabil sind.

Allerdings lehrt die Erfahrung, dass eben nicht alle Menschen länger leben, die ihre Eltern geehrt haben. Eine individualisierende Hoffnung scheint also nicht angebracht zu sein. **Das lange Leben wird hier der Gesellschaft an sich verheißen, welche in ihrem Land länger Bestand haben wird, wenn die Erbfolge sicher in der Hand der Familien bleibt.** Vielleicht muss heutzutage leider noch angemerkt werden: Dabei geht es nicht um eine Blut-und-Boden-Ideologie, sondern um ganz lebenspraktische Konsequenzen der ökonomischen Struktur der damaligen Gesellschaft. Ausländer waren immer Teil der Realität und wurden nicht als „ethnisch verunreinigend" angesehen – Ehen mit Menschen anderer Herkunft waren Alltag.

Das moralische Handeln Einzelner, auch wenn es sich primär im Familienkontext ausdrückt, hatte durchaus einen Einfluss auf die Gesellschaft. Diese größeren Zusammenhänge waren im alten Vorderen Orient allgemein sehr bewusst. Solidarität nach hinten durch wertschätzende Erinnerung vorher erfahrenen Segens durch die Alten und Solidarität nach vorne durch den verantwortungsvollen Umgang mit Beziehungen und Ressourcen stabilisieren die Gesellschaft als Ganze. Es gibt durchaus eine **gesunde Abhängigkeit** der einen von den anderen, der Jungen von den Alten, der Alten von den Jungen. Verantwortungsvoller Umgang mit dieser Abhängigkeit ist ein tendenziell schnell gefährdetes Gut, welches jeder für sich im konkreten Fall entwickeln und schützen sollte.

Der Bezug zu Gott wird dadurch hergestellt, dass die Gottesbeziehung Israels in der Familie gelebt und damit auch dort weitergegeben wird. Dies geschieht durch Gebet und Feste, wie zum Beispiel Passa (Ostern) und Mazzoth (Fest der ungesäuerten Brote), die beide schon in 2. Mose eingeführt wurden. Im familiären Rahmen wird die Erinnerung an Gottes Taten weitergegeben (12,26; 13,14). Neben dieser Erinnerungskultur geht es ganz zentral um positive Beziehungen, die auf der konkreten ethischen Ebene im familiären, menschlichen Kontext Gottes Werten Ausdruck verleihen und sie damit an die nächste Generation weitergeben.

6 Das Leben der anderen ist unantastbar

2. Mose 20,13

EINSTIEG

(15–20 Minuten)
Wählen Sie bitte eine oder zwei Fragen aus.

1. „Das Gewissen ist fähig, Unrecht für Recht zu halten, Inquisition für Gott wohlgefällig und Mord für politisch wertvoll. Das Gewissen ist um 180 Grad drehbar“ (Erich Kästner). Wem haben Sie schon einmal den Tod an den Hals gewünscht?

2. Für die nächsten drei Verbote bietet sich eine biblische Geschichte in besonderer Weise als Beispiel an: 2 Sam 11 (David und Batseba). Nehmen Sie sich Zeit zur Lektüre. Wo finden Sie Illustrationen zum Mordverbot?

BIBELTEXT

20,13 **Du sollst nicht morden.**

BIBELGESPRÄCH

(30–40 Minuten)
Wählen Sie ggf. unter den Fragen aus.

1. So kurz der Text auch ist, so umfangreich sind die Diskussionen dazu. Eine immer wiederkehrende Frage ist die nach der absichtlichen Tötung. Das hebräische Verb ist hier nicht eindeutig. Blutrache, Mord, Totschlag ... all dies lässt sich mit dem Verb verbinden. Was genau gehört für Sie zu vorsätzlichem Töten?

2. Es geht auch differenzierter: Schauen Sie mal in 4 Mo 35,16-34 nach. Vor diesem Hintergrund: Wozu brauchen wir dann noch das Mordverbot im Dekalog?

3. Lesen Sie doch mal 1 Mo 4,1-16. Was lässt sich hier über den Vorlauf und die Konsequenzen von Mord lernen?

4. Hass und Boshaftigkeit finden sich oft im Vorfeld von Mord. Fallen Ihnen weitere biblische Erzählungen ein?

5. Was genau soll durch dieses Verbot geschützt werden?

1. Ins Positive gewendet schreibt Luther: „Dass wir unserem Nächsten helfen und fördern in allen Leibesnöten.“ Wie sieht unsere Pflicht zur Lebensachtung heute aus?

2. Mord, Totschlag, Notwehr, Töten im Krieg ... unser Rechtssystem kennt hier viele Unterschiede. Warum halten sich die Zehn Gebote hier so allgemein? Was folgt für Sie aus diesem offensichtlich so ungenauen Verbot?

3. Zählt Tod durch Ausbeutung auch zu Mord? Was bedeutet Ihre Antwort hierauf für eine globalisierte Gesellschaft?

AUSTAUSCH

(15–30 Minuten) Wählen Sie ggf. unter den Fragen aus. Sie können das Gespräch mit einem gemeinsamen Gebet abschließen.

1. Die Bewahrung des Lebens hat viele Aspekte. Jemanden nicht aktiv zu töten ist relativ leicht zu praktizieren. Jemandem zu helfen, dass sein Leben bewahrt bleibt, kann sehr viel relevanter und naheliegender sein. Nehmen Sie sich einen kleinen Aspekt vor und entwickeln Sie eine gute Gewohnheit, die anderen hilft, ihr Leben zu erhalten (z. B. den Einsatz für Asyl; das Vermeiden von Bodenschätzen aus Bürgerkriegsgebieten ...).

2. Was möchten Sie nach der Beschäftigung mit 2 Mo 20,13 besonders festhalten? Was möchten Sie konkret in die Praxis umsetzen – im Blick auf Ihre Einstellungen, Ihr Denken, Ihre Worte und Ihr Handeln?

KONKRETE SCHRITTE

Entscheiden Sie, was Sie in der kommenden Woche ganz praktisch tun wollen.

Nun folgen die kurzen Verbote, die in ihrer Knappheit aber ebenso stark wirken wie die vorangehenden, die begründet werden.

Was ist „morden"?

Das Mordverbot (20,13) ist **kein allgemeines Tötungsverbot.** Hierzu gibt es eine lange Diskussion bezüglich der Wortbedeutung des hier benutzten Verbs. Es kommt nur 47-mal im Alten Testament vor und bezeichnet in diesen Kontexten ein **gewalttätiges, schuldhaftes Töten.** Das deutsche „morden" deckt das ganz gut ab, aber auch der Totschlag (nicht vorsätzlicher Mord) wird mit dem hebräischen Verb bezeichnet. Eine erhellende, umfangreichere Behandlung des Themas findet sich in 4 Mo 35,16ff und 5 Mo 19,4-13. Dort steht die **Frage nach der Vorsätzlichkeit** im Zentrum: Es werden für Täter, die nicht mit Vorsatz gehandelt haben (also keinen Hass im Herzen getragen, nicht aufgelauert, keine Hinterlist, keine Feindschaft), Fluchtstädte bestimmt, damit sie dort vor den Bluträchern in Sicherheit sind.

Es geht im Mordverbot um das absichtliche Töten eines anderen Menschen. Die Absicht des Verbots ist eindeutig der **Schutz des Lebens**.

Was aber durch den sonstigen Gebrauch des Verbs deutlich wird, ist, dass auch Fälle indirekter Tötung gemeint sind. Man erinnere sich an die Erzählung von Urias Tod im Rahmen der Vertuschungsversuche Davids, als er Batseba, Urias Frau, geschwängert hatte. Der Tod kann auch mittelbar in Kauf genommen werden, wenn z. B. Armen, Waisen, Witwen durch die sozialen Folgen bestimmter Handlungen die Lebensmöglichkeiten entzogen werden (vgl. 5 Mo 22,25f; 1 Kön 21,19; 2 Kön 6,32; Jes 1,21; Ps 42,11; 94,6; Hiob 24,14 – s. jeweils diese Verse in ihrem Zusammenhang!).

In 2 Mo 21,12-14 werden genauere Details geregelt, die den vorsätzlichen und nicht-vorsätzlichen Todesfall betreffen: „Wer einen Menschen so verletzt, dass er stirbt, wird mit dem Tod bestraft. Hat er ihn aber nicht absichtlich getötet, sondern durch ein Missgeschick, das ich, euer Gott, zugelassen habe, dann kann der Täter an einen Ort fliehen, den ich dafür bestimmen werde." Der Fall kommt also vor das Gericht, weil ein Nachbar das Opfer ist. Nur durch ein Gerichtsverfahren kann zwischen Mord (vorsätzliche Tötung) und Körperverletzung mit Todesfolge (nicht vorsätzliche Tötung) unterschieden werden. Hier wird also die Absicht bewertet und im Falle der nicht vorsätzlichen Tötung Gott als Urheber der Tat bestimmt. Nur so kann der Täter von der Schuld der Tat freigesprochen werden. Im Falle der Vorsätzlichkeit kommt es zur Androhung der Todesstrafe, die sich aus der Vorstellung erklärt, dass **vergossenes Blut nach Vergeltung ruft** (1 Mo 4,10; Hiob 24,12). Das gewaltsam vergossene Blut lastet auf dem Täter (2 Sam 21,1) und verunreinigt das Volk (4 Mo 35,33; 5 Mo 19,10; 21,8). Damit das Gerichtsverfahren ordentlich durchgeführt werden kann und währenddessen der mögliche Täter nicht Gefahr läuft, selbst durch eine Vergeltungsaktion sein Leben zu verlieren, kann er sich in einer Zufluchtsstadt sicher wissen.

Kann ein Tötungsfall nicht aufgeklärt werden, so wird im antiken Israel auf die Möglichkeit des Fluchs zurückgegriffen: „Verflucht ist, wer einen anderen Menschen heimlich ermordet" (5 Mo 27,24). Den Täter zu verfluchen bedeutet, dass man Gott explizit die Ahndung des Mords überlässt. Allerdings scheint das noch nicht den negativen Effekt des vergossenen Blutes aufzuheben, sodass es zu der Regelung in 5 Mo 21,1-8 kommt: Die Ältesten, d. h. die für Recht und Gerechtigkeit verantwortlichen Männer, der dem Tatort am nächsten gelegenen Stadt sollen eine junge Kuh schlachten und über ihr die Hände waschen mit den Worten „Unsere Hände haben dieses Blut nicht vergossen, und unsere Augen haben diesen Mord nicht gesehen. HERR, vergib deinem Volk Israel, das du aus Ägypten befreit hast. Lege uns nicht das unschuldig vergossene Blut dieses Ermordeten zur Last." Dies ist eine Art Schwur der behaupteten Unschuld am Tode des Opfers, und zwar unter klarer Anerkennung der Schwere der Tat. Die junge Kuh muss man sich als wertvolles Tier vorstellen, sodass deutlich wird, dass die Gemeinschaft hier empfindlich geschädigt wurde (ein Hühnchen oder ein altes ausgezehrtes Stück Vieh hätten nicht denselben symbolischen Wert). Irgendjemanden verantwortlich zu machen, wäre das Häufen von Gewalt auf Gewalt und Ungerechtigkeit auf Ungerechtigkeit. Daher wird durch diesen symbolischen Akt die Tat samt ihrer Folge als beendet erklärt – die Blutschuld vergeben.

An all diesen teils sehr aufwändigen Regelungen lässt sich die biblische **Hochachtung der unverletzlichen Würde des Menschen** erkennen. Leben muss geschützt werden: „Unschuldig vergossenes Blut darf in Israel nicht ungesühnt bleiben. Wenn ihr euch danach richtet, handelt ihr, wie es in den Augen des HERRN richtig ist" (5 Mo 21,9).

Alttestamentliche Erzählungen:
Es gibt in der gesamten Bibel Erzählungen, die Mord in seinen verschiedenen Facetten zum Thema machen. Die wohl berühmtesten sind der Brudermord des Kain (1 Mo 4) und die Mordkomplotte der beiden Könige David (2 Sam 11) und Ahab (1 Kön 21). Gerade **die im Vorlauf beherrschenden Emotionen** spielen in diesen Erzählungen eine große Rolle: Neid, Gier, drohender Ehrverlust und wahrscheinlich noch viele andere Beweggründe treiben Menschen in eine Situation, in der Mord als die einzige gangbare Lösung gesehen wird.

In keinem der erzählten Fälle gibt es menschliche Richter, sondern Gott nimmt sich der Situation an. Gott greift bei Kain sogar im Vorfeld ein – versucht, ihn psychologisch von der Situation zu distanzieren, zeigt die Verantwortung zum inneren Widerstand auf (1 Mo 4,6f). Die rabbinische Auslegung deutet den Satz „dann lauert die Sünde schon vor deiner Tür und will dich haben" (4,7) als die natürliche Tendenz des Menschen zum Bösen hin. Dieser Tendenz aber muss man entschieden entgegentreten: „Du aber sollst sie beherrschen!" Auslöser des langen Vorlaufs zum ersten Mord war eine unverstandene, menschlich nicht nachvollziehbare Ungleichheit (Abels Opfer wurde akzeptiert, Kains nicht. Der Text gibt keine klaren Anhaltspunkte, warum Gott das Opfer nicht annahm.). Diese Ungleichheit führte zur Katastrophe, weil Kain keine Kontrolle über seine Affekte hatte: Er spürte seinen brennenden Neid und konnte Abel nicht mehr in die Augen schauen. Der Versuch Gottes, Kain von seinem Neid zu distanzieren, gelang nicht.

Wie im Vorlauf eines Mordes eins zum anderen kommt, zeigt der als Kriegsunfall getarnte Mord Urias durch David. Grund ist hier nicht der Neid, sondern eher der Versuch, ein eigenes Fehlverhalten zu vertuschen, um die eigene Ehre zu retten. Ahab hingegen lässt sich von seiner Frau zu einem Justizmissbrauch verleiten, um sich einen sonst nicht realisierbaren Wunsch zu erfüllen. Bei den Königen greift jeweils ein Prophet ein, stellt die Situation in den größeren Kontext, zeigt dadurch die Fehlbarkeit der Könige auf und konfrontiert mit den Folgen. Diese Folgen sind sehr weitreichend – teils über die Lebensdauer der eigentlichen Täter hinweg zu spüren. Hos 4,2-3 sagt es ausdrücklich: **Mord bzw. Sünde im Allgemeinen ist keine Einzeltat, keine isolierte Privatsache.** Sünde hat Konsequenzen für die Gesellschaft und für die nicht menschliche Mitschöpfung. Dabei geht es nicht um Sippenhaftung, sondern um gesellschaftliche Zusammenhänge, die stärker und enger sind, als es sich unserem individualistischen Denken auf den ersten Blick erschließt.

In einem zweiten Schritt lassen die drei genannten Beispielerzählungen einen Blick auf die jeweiligen Opfer zu. In allen Fällen werden die Opfer nicht nur als solche passiv geschildert, sondern **den Tätern als Gegenbilder kontrastierend gegenübergestellt.** Abel ist der mit dem „guten Opfer", der vertrauensvoll mit seinem Bruder auf das Feld geht. Uria ist der pflichtbewusste Ehemann, der David in allen Punkten ein moralisches Vorbild sein könnte. Nabot ist der arme, seiner Familie loyale und gesetzestreue Bürger, dessen Genügsamkeit in großer Spannung zur Habgier Ahabs bzw. Isebels steht. Der Effekt dieser erzählerischen Strategie ist die emotionale Bewertung der Morde seitens der Leser – jeder Leser wird sofort wissen, mit wem in der Geschichte er sich identifizieren sollte.

In der gesamten Bibel, also sowohl im Alten als auch im Neuen Testament, wird auf diese erzählerische Weise, aber auch poetisch, weisheitlich, prophetisch und in Gesetzestexten, das Mordverbot des Dekalogs in unterschiedlichsten Bezügen illustriert und es werden damit gleich Strategien angebahnt, die **den Lesern**

helfen werden, ihre aggressiven Emotionen nicht zur Tat werden zu lassen. Gewalt am Mitmenschen kann keine Lösung für unbewältigte psychische Regungen sein. Im Sinne der Vorbeugung bietet die Bibel einige Bewältigungswege an.

Der Blick drüber hinaus:
In seiner Kürze und damit in seiner Unterbestimmtheit fordert das Mordverbot geradezu die Diskussion über die hier gezogene Grenze heraus. Was genau bedeutet vorsätzliches Töten? Fällt die Situation eines Krieges darunter? Wie steht es mit staatlich legitimierter Gewalt? Selbstmord? Abtreibung? Notwehr? Wie ist das medizinische Nicht-mehr-Helfen einzuordnen? Von 20,13 her können in diesen Fällen keine Antworten gefunden werden. Es muss sich eine umfassendere ethische Bewertung der einzelnen Fälle anschließen.

Das im Dekalog verwendete hebräische Verb legt nahe, dass hier das feindselige, unrechtmäßige und gewalttätige Töten gemeint ist. Dieses ist ausgeschlossen; auch das Gebot der Feindesliebe geht in diese Richtung. Für den Einzelnen ist dies auch schnell nachvollziehbar. Für die **heutige Gesellschaft** mit ihrem ausdifferenzierten Rechtssystem und dessen Grundlegung in den Menschenrechten (die christlich motiviert sind) gilt, dass selbst der Staat keine Gewalt anwenden darf (Folter und Todesstrafe gehören in diese Kategorie), es sei denn, das Recht und der Schutz anderen Lebens ist nur durch Gewaltanwendung durchzusetzen. Nur dann darf der Staat (ohne Feindseligkeit) den Tod eines Menschen in Kauf nehmen. **Es bleibt aber immer ein schuldhaftes Handeln** (Bonhoeffer redet hier von der Bereitschaft zur Schuldübernahme) **und bedarf der göttlichen Vergebung.**

Für den Bibeltext ist es allerdings deutlich, dass diese knappe Formulierung auf ein gemeinsames, bewusstes, grundlegendes Rechtsverständnis und eine Ethik verweist, die vom **Prinzip der Schutzwürdigkeit allen Lebens** ausgeht. Diese Grundlage aber muss in verschiedensten Situationen immer wieder neu durchdacht und diskutiert werden. Hierbei geht es nicht zwangsläufig um positives (also durch menschliche Übereinkunft/Konsens festgelegtes) Recht, sondern um unveräußerliche Grundlagen des Lebensschutzes, die in unterschiedlichen, oft komplexen Situationen immer wieder neu zur Geltung gebracht werden müssen.

Die Ehe der anderen ist unantastbar

7

2. Mose 20,14

1. Wie anschlussfähig ist das Konzept Ehebruch heute noch? Inwiefern ist das völlig aus der Zeit gefallen?

2. „Ehe“ kann durchaus Unterschiedliches bedeuten, heute was anderes als vor 60 Jahren, wiederum etwas anderes als vor 3.000 Jahren. Wenn wir aus den vorangehenden Geboten eines gelernt haben, dann das, dass man nach ihrer Absicht fragen sollte. Was könnte die Absicht davon sein, dass eine Ehe nicht gebrochen wird? Was soll hier geschützt werden?

EINSTIEG

(15–20 Minuten) Wählen Sie bitte eine oder zwei Fragen aus.

20,14 **Du sollst nicht die Ehe brechen.**

BIBELTEXT

1. Denken Sie nochmals an die Erzählung zu David und Batseba. Was lässt sich ableiten bezüglich Vorlauf und Konsequenzen von Ehebruch?

2. Vielleicht wird die Schwere des Ehebruchs in der israelitischen Kultur am ehesten in den Erzählungen deutlich. Gewinnen Sie einen Eindruck und lesen Sie folgende Verse: 1 Mo 20,9; 39,9; Hiob 24,14f; Jer 9,2; 29,23; Mal 3,5.

3. Jesus „verschärft“ das Verbot in der Bergpredigt (Mt 5,27f). Allerdings hat er das auch nicht ganz neu erfunden, sondern dieser Gedanke ergibt sich schon aus dem letzten der Zehn Gebote. Wie verstehen Sie das Verhältnis von „begehren“ und „ausführen“?

4. Welche positive Wendung würden Sie neben dieses Verbot stellen? Luther denkt z. B. an Eph 5,21-25 oder Phil 4,8. Wie ließe sich dieser Gedanke für heute formulieren?

BIBELGESPRÄCH

(30–40 Minuten) Wählen Sie ggf. unter den Fragen aus.

AUSTAUSCH

(15–30 Minuten) Wählen Sie ggf. unter den Fragen aus. Sie können das Gespräch mit einem gemeinsamen Gebet abschließen.

1. Dieses Thema kann sehr schnell sehr persönlich werden. Vielleicht geben Sie als Gruppe sich gerade jetzt ein wenig Zeit für das stille, persönliche Durchdenken. Vorschlag: Lesen Sie zum Abschluss gemeinsam Eph 1,3-14.

2. Als Christen sind wir Teil einer Gemeinschaft und sollten als solche auch Kontrastgemeinschaft in unserer Zeit sein. Das ist sehr anspruchsvoll und daher brauchen wir Ressourcen. Welche Ressourcen haben Sie in Ihrer Gemeinde? Wie könnten Sie diese dafür einsetzen, dass Ehen stabiler werden?

KONKRETE SCHRITTE

Entscheiden Sie, was Sie in der kommenden Woche ganz praktisch tun wollen.

1. Manchmal sollte man konkrete Schritte gehen. Gibt es evtl. Dinge, die Sie, angestoßen von diesem Text, mit einem Seelsorger besprechen sollten? Machen Sie schon morgen einen Termin ab. Für Neuorientierung ist immer jetzt der richtige Zeitpunkt. Gehen Sie Dinge an. Sie werden die Befreiung erleben, die darin liegt.

2. Was möchten Sie nach der Beschäftigung mit 2 Mo 20,14 besonders festhalten? Was möchten Sie konkret in die Praxis umsetzen – im Blick auf Ihre Einstellungen, Ihr Denken, Ihre Worte und Ihr Handeln?

Beim Ehebruchsverbot (20,14) steht erneut der **Schutz der gesellschaftlichen Stabilität,** nicht so sehr eine sexuelle Reinheit, die dadurch gewahrt werden sollte, im Vordergrund. Dass ausgelebte Sexualität biblisch gesehen in ganz engen Bahnen von stabilen, wertschätzenden und vertraulichen Beziehungen verortet wird, steht an anderen Bibelstellen mehr im Vordergrund als hier.

Die hier im Dekalog verwendeten Begriffe sind unproblematisch und klar: Es geht um das **Brechen der Ehe als einer gesellschaftlich-institutionellen Verbindung zwischen Mann und Frau**. Sowohl der Mann als auch die Frau können ihre Ehe brechen. Begrifflich gut davon unterschieden sind Konzepte wie „miteinander schlafen" und „sich prostituieren". Diese letzteren spielen nur mittelbar eine Rolle im Konzept „die Ehe brechen". „Ehe" hat zwar immer auch etwas mit Sexualität zu tun, geht aber als gesellschaftliches Grundkonzept weit darüber hinaus. Ehe ist unter anderem **eine Art Vertragsbeziehung** zur klaren Gestaltung von persönlichen und gesellschaftlichen Grenzen und genau darum geht es in diesem Verbot. „Ehebruch" als „Fremdgehen", so wie es heute ganz schnell enggeführt wird, ist lediglich ein Teilaspekt. Möglicherweise liegt es an der ausgeprägten modernen und spätmodernen Aufmerksamkeit auf Sexualität, dass unsere Gedanken zunächst auf dieses Thema schwenken. **Fremdgehen**, im Sinne von Geschlechtsverkehr außerhalb der eigenen Ehebeziehung zu haben, ist natürlich ein großes Problem in einer auf Vertrauen basierenden Ehe, aber nicht die einzige Erscheinungsform von „Ehebruch". Im alten Israel kommen auch „Vergehen", wie **sexuelle Vernachlässigung, häusliche Gewalt, mangelhafte materielle Versorgung** und Ähnliches, im Kontext von Ehebruch zur Sprache.

Je nachdem, wie die Institution Ehe in Israel (in verschiedenen Epochen) definiert wurde (Monogamie, Bigamie, Polygamie), ergeben sich sehr unterschiedliche Szenarien, was faktisch einen Ehebruch konstituiert und was nicht. Kann zum Beispiel ein verheirateter Mann in einer polygamen Situation überhaupt mit einer jungen bzw. nicht verheirateten Frau die Ehe brechen? Schließlich wäre es ihm ja erlaubt mehrere Frauen zu haben, auch wenn dies im Alten Orient einen immensen finanziellen Aufwand bedeutete. Könnte evtl. auch eine Frau mehrere Männer haben? **Verschiedene kulturelle Hintergründe spielen eine große Rolle.** Sicher geht es hier aber um den Schutz der Familie in allen Bezügen. Denn Ehebruch berührt das Recht der Familie auf Versorgung, den sozialen Status der Ehefrau und auch die Erbfolge. So wird dem Schutz dieser gesellschaftlichen Institution eine besondere Bedeutung zugemessen – bis zur Androhung von Todesstrafe (5 Mo 22,22). **Niemand darf leichtfertig durch seine persönlichen Affekte seine sozialen Verpflichtungen vernachlässigen oder gar zerstören.**

Ehebruch und Scheidung:

Wie oben bereits beschrieben ist das Verb ehebrechen nicht zuerst bezogen auf eine außereheliche sexuelle Aktivität. Diese ist lediglich eine mögliche Ursache für den Bruch einer grundlegenden gesellschaftlichen Bindung. An dieser Stelle kommt eine ganz andere Diskussion in den Raum, die ich hier in keiner Weise zufriedenstellend betrachten kann. Oft wird „Ehebruch" als einziger Grund für eine kirchlich gesehen rechtmäßige Scheidung angeführt. Dabei wird dann „Ehebruch" meist definiert als Sexualkontakt mit Menschen außerhalb der eigenen Eheverbindung. Wie es historisch zu dieser Engführung kam, kann ich leider hier auch nicht darstellen. Aus dem Alten Testament lässt sich dies jedenfalls nicht begründen.

Es werden in der Thora (2 Mo 21,10) **drei Gründe genannt, die eine Scheidung rechtfertigen:** die Vernachlässigung der Pflicht, für Nahrung zu sorgen; der Pflicht, für Kleidung zu sorgen und der Pflicht, Sexualverkehr nicht zu kurz kommen zu lassen. Frauen konnten sich in der antiken Gesellschaft kaum selbstständig versorgen und waren daher von ihren Familien bzw. ihren Ehemännern abhängig. Dieses klar einseitige Abhängigkeitsverhältnis war natürlich stark von Missbrauch gefährdet: Der Mann konnte ohne Weiteres größten Druck auf seine Frau ausüben. Vernachlässigung in materieller Hinsicht

(Nahrung und Kleidung) leuchtet unmittelbar ein. Die sexuelle Vernachlässigung zielte darauf, dass die Frau keine Nachkommen bekam, was ihre Altersversorgung massiv gefährdete. Die komplexen Folgen dieser Gesellschaftsstruktur lassen sich gut in der biblischen Erzählung von Rut nachvollziehen: Kernabsicht dieses kurzen Textes ist zu zeigen, welcher wirtschaftliche und emotionale Segen aus dem ehrenvollen Umgang mit einer sozial stark gefährdeten Frau erwachsen kann. Rut kommt aus einer Situation, die der einer verlassenen bzw. vernachlässigten Ehefrau nicht unähnlich ist: Sie hat keine Versorgung mehr von der Familie ihres verstorbenen Mannes zu erwarten. Boas, ein entfernter Verwandter und ihr späterer Mann, erkennt seine familiäre Verpflichtung, für diese Frau zu sorgen. Ganz nebenbei scheint sich auch noch eine romantische Beziehung zwischen den beiden zu entwickeln. Am Ende ist Rut versorgt und ein geschätztes Mitglied ihrer Familie. Eine durch Ehebruch verlassene Frau hätte all dies nicht zu erwarten gehabt, da ihr durch den Ehebruch sicherlich auch ein sozialer Makel anhaftete – irgendjemand muss ja „schuld" sein an der gebrochenen Ehe.

Ehebruch und Scheidung bei Jesus:
Auch im Neuen Testament wird der Themenkreis Ehebruch behandelt, und zwar im Kontext der Scheidung. Ehebruch war immer schon falsch, Scheidung hingegen war der rechtlich und sozial unbedingte notwendige Akt anzuzeigen, dass eine Ehe gebrochen war. **Nur mit einem Scheidebrief war es möglich, erneut und mit Rechtssicherheit eine neue Ehe einzugehen.** Es gab im Judentum zur Zeit Jesu eine größere gelehrte Diskussion, wie 5 Mo 24,1 zu interpretieren sei: „Angenommen, ein Mann heiratet eine Frau, aber dann gefällt sie ihm nicht mehr, weil er etwas Anstößiges an ihr findet. Er stellt ihr eine Scheidungsurkunde aus und schickt sie fort." In 5. Mose geht es darum, dass der erste Mann diese Frau nach einer weiteren gescheiterten Ehe nicht mehr (zurück)heiraten darf. Die Streitfrage im Judentum war vor allem, was dieses „nicht mehr Gefallen" alles beinhaltet, was also konkret eine Scheidung rechtfertigen würde. Jesus bezieht dazu Stellung (z. B. Mt 19,9), schließt sich der traditionellen Auslegung an und sagt: In 5 Mo 24 geht es nur um die Schande, die durch außerehelichen Geschlechtsverkehr (in diesem Fall seitens der Frau) verursacht wurde. Damit **verortet sich Jesus in einer bestimmten Auslegungstradition,** die bis ca. 70 n. Chr. noch verbreitet war und ein sehr enges Verständnis an gültigen Gründen für Scheidung hat (nämlich die drei Gründe, wie sie in 2 Mo 21,10-11 genannt werden). Die andere, zu Zeiten Jesu deutlich an Bedeutung gewinnende Möglichkeit war, dass auch aus viel geringeren Gründen die Ehe rechtmäßig geschieden werden könnte, z. B. wenn die Frau das Essen anbrennen ließe (dies entspricht ungefähr dem Scheidungsrecht des Mannes in muslimischen Kulturräumen). Rabbi Hillel (ein paar Jahrzehnte vor Jesus) interpretierte 5 Mo 24,1 anscheinend als Erster so, dass es neben dem „Schändlichen" (wahrscheinlich ein Verweis auf sexuelle Untreue) noch „Gründe" gab, die eben nicht genannt würden, aber eben deswegen alle möglichen Gründe meinen konnte. Vom hebräischen Text ist diese Auslegung durchaus möglich. Ganz entsprechend der männlich dominierten Kultur der Zeit und Region wurde die Scheidung auch aus nichtigen Gründen nur für den Mann möglich gesehen (denn in 5 Mo geht es ja um einen Mann, der sich von seiner Frau scheidet). Außerdem war es nicht mehr so peinlich, sich scheiden zu lassen, weil kein Gericht mehr involviert war, welches in aller Öffentlichkeit versuchte, konkrete Gründe und deren Bezug zu 2 Mo 21 zu finden, damit eine Scheidung rechtskräftig würde. Diese **neue Scheidungspraxis basierend auf Hillel war also sehr liberal und gleichzeitig sehr nachteilig für die Frauen,** die jetzt sehr schnell ihre Lebensgrundlage verlieren konnten. Andererseits war es auch für die Frau ein gewisser Gewinn, wenn die Scham des Gerichtsverfahrens wegfiel und sie möglicherweise doch noch Hoffnung haben konnte, mindestens einen Teil ihres Eheerbes zu bekommen, welches ihr Mann ihr im Ehevertrag versprochen hatte. Josefs Idee, Maria still und heimlich, d. h. ohne aufsehenerregendes Gerichtsverfahren zu scheiden, entsprach der Praxis Hillels (Mt 1,19).

In Mt 19,3 fragen die Pharisäer Jesus, was er von der Auslegung Hillels hielt, ob es gesetzmäßig sei, die Frau „aus irgendeinem Grund“ zu scheiden. **Jesus bezieht Position, und zwar für die striktere Auslegung.** Eine Scheidung aus „irgendeinem Grund“ war aus seiner Perspektive eine falsche Interpretation, aber nicht nur das, sondern auch eine Scheidung in diesem Modus war letztlich ungültig (deswegen sollte man dann auch nicht wieder erneut heiraten). Das Wort, welches Jesus hier für „unmoralisches sexuelles Verhalten“ nutzt (gr. porneia), ist eine sehr gute Übersetzung für das hebräische Wort aus 5 Mo 24, da es genauso allgemein ist: alles, was irgendwie eine sexuelle Handlung darstellt, die im Judentum als unmoralisch gilt, wie z. B. sexueller Kontakt außerhalb der Ehe, auch vor der Ehe (v. a. in der Verlobungszeit), Inzest etc. Jesus meinte nun nicht, dass man nur wegen dieser Verfehlungen eine Scheidung einreichen konnte, sondern dass es im Kontext von 5 Mo 24 um sexuelle Verfehlungen ging. Jesus erklärt daraufhin, dass man im Fall von sexueller Unmoral des Partners sich scheiden lassen darf, aber keinesfalls muss. Der Königsweg wäre allerdings die Vergebung, damit die Ehe erhalten bliebe. Es sei denn, der Partner oder die Partnerin zeigt eine gewisse Hartnäckigkeit und lässt keinen Änderungswillen erkennen. Das war übrigens schon Gott selbst passiert, der sich scheiden lassen musste, weil seine „Frau“ Juda, also das südliche Israel, sich hartnäckig weigerte, von ihren Götzen zu lassen (vgl. Jer 2–3).

Ehebruch und Scheidung bei Paulus:
Paulus geht in 1 Kor 7 auf die drei Vertragsverletzungen ein, die in 2 Mo 21,10 genannt werden. In 1 Kor 7,3-5 geht es um den Entzug von Geschlechtsverkehr, der auch für Christen keine Option ist. In V. 32-34 geht es um die Versorgung des Partners mit Kleidung und Nahrung (das ist es, was Paulus mit „Dinge der Welt“ hier meint). Unausgesprochen versteht Paulus, so wie Jesus selbst und sein gesamtes kulturelles Umfeld auch, den sog. „Ehebruch“, d. h. Sexualkontakt mit jemandem außerhalb der Eheverbindung, als Grund für eine legitime Scheidung. **Ehe ist ein Vertrag und der kann gebrochen werden. Dann hat der geschädigte Partner das Recht, den Vertrag aufzulösen. Das Ideal ist aber natürlich, dass die Partner aneinander das Versprochene erfüllen – dazu gehört auch die Ausschließlichkeit der Ehebeziehung.**

Das Verbot, die Ehe zu brechen, würde also ein Verhalten einbeziehen, das zum Vertragsbruch zwischen den beiden Partnern führen würde. Damit wäre dann die Ehe gebrochen. Dies gilt es, mit allem Einsatz zu verhindern, damit dem Verbot im Dekalog entsprochen wird.

Hier wird dann auch deutlich, wie zentral bedeutsam das **aufeinander Achten und Respektieren innerhalb der Ehe** ist, denn darin bildet sich der Grundstock für eine allgemeine, gesellschaftliche Kultur des Achtgebens und Respektierens.

Vernachlässigung kann durchaus das Vorspiel von Fremdgehen sein. Die in 2 Mo 21 genannten Bereiche sind sicher beispielhaft für Elementarbedürfnisse, die in der jeweiligen konkreten Situation durchaus andere Ausformungen ergeben können. Emotionale Gewalt und verbale Verletzungen können genauso eine Rolle spielen wie physische Misshandlung und finanzielle bzw. materielle Unterversorgung. Paulus spricht in 1 Kor 7,32-35 positiv von **einander „Freude machen“ und „sich sorgen“**. Diese Haltung der Liebenden, ihr Beziehungsgeflecht zu schützen und zu fördern, gilt es auszuleben – dann wird die Ehe nicht gebrochen. Paulus zieht in anderen Texten (Eph 5,21-25; Phil 4,8) weitere Kreise als nur die Ehebeziehung, aber seine Tipps gelten sicher auch für die Ehe.

8 Finger weg!

2. Mose 20,15

EINSTIEG
(15–20 Minuten)
Wählen Sie bitte eine oder zwei Fragen aus.

1. Wurde Ihnen bereits etwas gestohlen? Was war Ihre Reaktion darauf? Emotional, praktisch ...

2. Gelegenheitsdiebstahl, Steuerflucht, Korruption, Ausbeutung, legales Ausnutzen von Notsituationen ... Diebstahl kann viele Formen haben. Was verspricht sich der Dieb? Was geschieht dem Bestohlenen?

BIBELTEXT

20,15 **Du sollst nicht stehlen.**

BIBELGESPRÄCH
(30–40 Minuten)
Wählen Sie ggf. unter den Fragen aus.

1. Das hebr. Verb für „stehlen“ hat den besonderen Beigeschmack von Heimlichkeit (vgl. 2 Kön 11,2!). Was bedeutet dies für das Miteinander dieses Verbots mit dem letzten der Zehn Gebote?

2. Dieses Verbot ist hier wieder sehr knapp. Nicht einmal ein Objekt wird genannt. Lesen Sie 2 Mo 21,37–22,7, um ein wenig den Kontext des Alten Orients aufzufüllen. Was ist die übergeordnete Absicht der genannten Strafen? Was sagt dies über die Bedeutung von Eigentum aus?

3. Man hätte also durchaus mehr zu diesem Verbot schreiben können. Warum wieder diese kurze Formulierung? Was hat dies evtl. zu sagen bzgl. konkreter Motive für Diebstahl?

4. In Hos 4,1-3 gibt es eine Liste, die sehr an die Zehn Gebote erinnert. Dort werden auch Folgen des Handelns gegen diese Gebote genannt. Können Sie diese speziell für das Stehlen nachvollziehen?

AUSTAUSCH

(15–30 Minuten)
Sie können das Gespräch mit einem gemeinsamen Gebet abschließen.

1. Lesen Sie 1 Tim 6,9f. Welche Aspekte spielen für Sie auch noch eine Rolle bei Diebstahl?

2. Wie würden Sie das Diebstahlsverbot als Gebot formulieren? Luther schreibt: „Dass wir des Nächsten Gut und Nahrung helfen bessern und behüten." Wie kann das heute in Ihrem beruflichen und privaten Umfeld aussehen?

KONKRETE SCHRITTE

Entscheiden Sie, was Sie in der kommenden Woche ganz praktisch tun wollen.

1. Informieren Sie sich in den nächsten Tagen zu einem Thema, was mit Diebstahl zu hat. Möglichkeiten wären: Steuerhinterziehung; Geldwäsche; Cum-ex-Geschäfte (siehe auch die Erläuterungen); Wassermangel durch industrielle Landwirtschaft; Schaffen von Abhängigkeiten durch Ausnutzung von Notsituationen (Verschuldung von Kleinbauern, Wanderarbeiter ...). Oft haben wir keinen direkten Einfluss bei diesen Themen, aber vielleicht können wir einen Beitrag leisten, diese Praktiken bekannt zu machen. Das wäre ein erster Schritt hin zu dem, wie Luther das Thema im Katechismus abschließt: „Wenn wir als gute Freunde und getreue Nachbarn allen Schaden und Verlust nach Möglichkeit abwenden und ihn treulich davor warnen."

2. Was möchten Sie nach der Beschäftigung mit 2 Mo 20,15 besonders festhalten? Was möchten Sie konkret in die Praxis umsetzen – im Blick auf Ihre Einstellungen, Ihr Denken, Ihre Worte und Ihr Handeln?

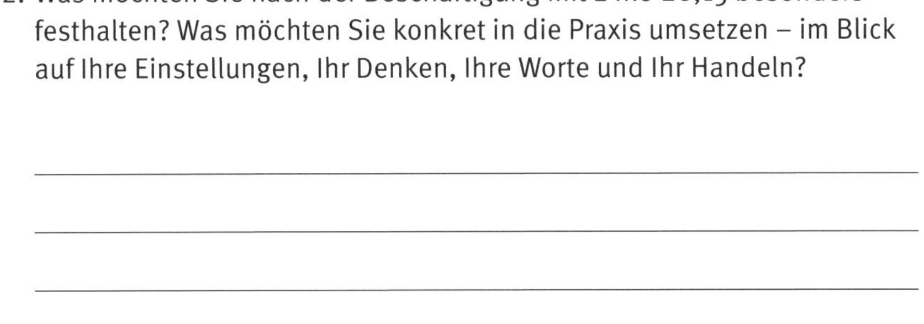

Kidnapping?

Das Diebstahlsverbot (20,15) hat vor allem den **Schutz des Eigentums** zum Ziel. Es wurde in der Auslegungsgeschichte schon öfter versucht, dieses Verbot auf Menschenraub zu begrenzen. Vergleiche hierzu die Regelungen in 21,16 und 5 Mo 24,7, in denen dasselbe Verb vorkommt, um das Kidnapping zu beschreiben. Das würde das Diebstahlsverbot insofern an das vorangehende und das nachfolgende Verbot angleichen, als es dann auch hier um den Schutz der personalen Grundrechte geht – es wäre dann ebenfalls an die Todesstrafe als Sanktion gedacht.

Doch damit hätte man sich deutlich von der allgemeinen Anlage der Zehn Gebote entfernt und würde das Diebstahlsverbot mit einem Objekt verbinden, welches auch bei vielen anderen der Gebote ausdrücklich und anscheinend bewusst fehlt. Es wird **nicht unterschieden zwischen dem Diebstahl von Immobilien, beweglichen Sachen oder Menschen**; zwischen wertvoll und weniger wertvoll; zwischen Luxusgütern und Lebenswichtigem. Auch die Umstände werden nicht weiter bestimmt. Ob es nun ein Gelegenheitsdiebstahl war oder von langer Hand vorher geplant; ob es heimlich oder offensichtlich (z. B. durch Ausnutzung eines Machtgefälles) oder sogar mit Gewaltanwendung geschah (vgl. 1 Kön 21!), wird hier nicht unterschieden. Unter die Kategorie Diebstahl fallen auch Dinge wie falsches Maß (5 Mo 25,5) und Verkauf von Waren schlechter Qualität (Am 8,4-6), das heimliche Verrücken einer Grenze (5 Mo 19,14), das Sich-Bereichern durch Zinsforderungen (2 Mo 22,24) oder das Behalten eines wichtigen Gegenstandes als Pfand (22,25).

Es wird, gemäß der Gesamtanlage des Dekalogs, ganz allgemein von Diebstahl gesprochen.

Im Kontext Israels

Der soziale Status des Bestohlenen wird bewusst nicht genannt, denn er spielt keine Rolle. Das Verbot gilt für alle Israeliten und, wie die entsprechenden Gesetze aus dem Bundesbuch nahelegen (2 Mo 22,1-3.7-14), gilt es **für alle Israeliten ohne Unterschied** bezüglich ihres sozialen Status. Dies ist auffällig, da dies bei anderen Kulturen des Alten Orients ganz anders geregelt wurde. Dort hängt die Beurteilung von Vermögensdelikten vor allem davon ab, bei wem gestohlen wurde. Je ärmer der Bestohlene, desto weniger Konsequenzen drohen dort dem Dieb. Hier ein Beispiel aus der berühmten Rechtssammlung des Hammurabi (Babylonien, ca. 1750 v. Chr.):

„§8 Wenn ein Bürger ein Rind, ein Schaf, einen Esel, ein Schwein oder ein Schiff stiehlt, so muß er, wenn es Eigentum eines Gottes oder des Palastes ist, es dreißigfach hingeben, wenn es Eigentum eines Palastangehörigen ist, so muß er es zehnfach ersetzen; wenn der Dieb nichts zu geben hat, wird er getötet" (Borger, Akkadische Rechtsbücher, TUAT, 45).

Die **Gleichheit der Opfer vor dem Gesetz** bezüglich der Straffestsetzung ist auffällig für das israelitische Recht und spricht für das grundlegend andere Gesellschaftsmodell Israels. Es geht von derselben Würde aller Menschen aus und verleiht damit Ausdruck, dass alle durch Gott unterschiedslos geschaffen sind. Die israelitische Gesellschaft soll durch Rollen differenziert werden, nicht durch Abstammung, gesellschaftlichen Status oder Vermögen.

Was soll geschützt werden?

Persönlicher Besitz ist im Alten Orient nur freien Männern möglich. Aus der Erinnerung an den Auszug Israels aus Sklavenverhältnissen, die den Zehn Geboten vorangestellt wurde, lässt sich ableiten, dass der Schutz des persönlichen Eigentums allen Israeliten gilt und nicht nur bestimmten Klassen oder Gruppen der Gesellschaft. Beim Begehrensverbot (V. 17) geht es um die Haltung gegenüber dem anderen, hier geht es um das **unrechtmäßige Aneignen fremden persönlichen Eigentums.** Wie Beispiele von erweitertem Diebstahl oben gezeigt haben, werden im Alten Testament besonders die Reicheren ins Auge gefasst, die die Armen bestehlen und deren Eigentum besonders geschützt werden muss. Diebstahl kann die Geschädigten in große unverschuldete Not bringen und muss daher gesellschaftlich geächtet und abgewehrt werden.

Konsequenzen eines Diebstahls

Der Prophet Hosea nimmt die Zehn Gebote in einer Anklage an das Volk auf (Hos 4,1-3) und beschreibt die **Folgen der Missachtung der Gebote** mit den Worten: „Darum vertrocknet das Land und welkt jeder, der darin wohnt, samt den Tieren des Feldes und den Vögeln des Himmels; selbst die Fische des Meeres werden dahingerafft" (ELB). Es ist interessant, dass hier ökologische Folgen beschrieben werden, obwohl man doch eher soziale Folgen erwarten sollte. Dass letztere hier nicht genannt werden, bedeutet ja nicht, dass sie nicht am Horizont des Propheten gewesen wären. Doch setzt er hier einen anderen Schwerpunkt und zieht die Konsequenzen der Sünde bis in die **nicht menschliche Schöpfung, die ebenfalls in Mitleidenschaft gezogen wird.** Auch diese Konsequenzen werden auf den Menschen zurückfallen und ihn dann wieder direkt betreffen. Bei Hosea ist es die Gesamtheit der Gebote, die missachtet werden, doch lässt sich in den einzelnen Fällen durchaus ein Ursache-Wirkungs-Zusammenhang erkennen. Beim Diebstahl geht es letztlich um das Sich-Aneignen von fremdem Besitz, also **eigener Gewinn auf Kosten anderer**. Im Diebstahl wird die Ursache von Besitz vom Besitz selbst entkoppelt: Der Lohn oder das Produkt der eigenen Arbeit wird mir weggenommen bzw. der Dieb bekommt Besitz, ohne eigene Arbeitskraft aufzuwenden. Man kann dieses Phänomen auch **Ausbeutung** nennen und ohne große Schwierigkeiten auf natürliche Ressourcen ausweiten. Luft wird genauso wenig wie Wasser oder ähnliche Ressourcen nicht durch Arbeitsleistung hergestellt, doch werden diese Ressourcen für die Produktion vieler unserer Güter benötigt. Doch kaum jemand muss z. B. für das Wasser, welches er zum Kühlen seiner Maschinen oder zum Reinigen seiner Chemikalien aus dem Fluss entnimmt, bezahlen, ebenso wenig wie für die Luft, die für Verbrennungsprozesse oder Ähnliches verbraucht wird. In unserer Wirtschaftslogik mag das so OK sein, weil niemand Arbeitskraft aufwenden musste, Wasser oder Luft bereitzustellen, aber letztlich entwenden wir damit ein Allgemeingut zur privaten Bereicherung. Möglicherweise beschneiden wir beim übermäßigen Nutzen natürlicher Ressourcen den Lebensraum von Wildtieren, oder die Lebensgrundlagen anderer Menschen. Unsere **menschliche Gier**, wie sie sich im Diebstahl Bahn bricht, zerstört sowohl menschliche als auch nicht menschliche Lebensgrundlagen. Da war der Prophet schon sehr realistisch – heute können wir zumindest nicht mehr sagen, dass wir nicht verstehen würden, was er gemeint hat.

„Strafen" oder „Wiedergutmachung"

Diebstahlsdelikte werden laut Altem Testament durch **Reparationszahlungen** geahndet, nicht durch willkürliche Strafen (wie Freiheitsentzug oder Ehrverlust, z. B. dem Entfernen von Gliedmaßen, Nasen, Ohren etc.). **Ziel ist die Wiedergutmachung und damit die Folgenbehebung der Tat** – soweit dies möglich ist (vgl. 2 Mo 22,1-16). Dabei wird ein gemäßigt erhöhter Ausgleich vorgesehen, d. h. der Dieb muss über den Wert des Gestohlenen hinaus zurückgeben, um so den Ausfall der gestohlenen Sache und den Aufwand für die Wiederherstellung auszugleichen. Diebstahl darf sich nicht lohnen. Diesbezüglich ist aber alles durch die Kriterien von Angemessenheit und Opferinteresse bestimmt.

Verantwortung für den Besitz der anderen

Wenn man das Verbot positiv wenden würde, so ließen sich Gedanken von **Fairness** (Mt 7,12) oder das **Sich-Bemühen um ein Einkommen, damit man Menschen in Not helfen kann** (Eph 4,28), einbeziehen. Diebstahl kann sehr perfide Formen annehmen, auf die man ohne die nötige kriminelle Energie gar nicht käme. Da ist es gut, wenn man von der positiven Seite her das Thema angeht und **das Wohlergehen der anderen nach Möglichkeiten schützt und fördert.** Denn wer konnte absehen, wie man durch geschickte Finanzverschiebungen nicht nur Steuern vermeiden, sondern dann auch noch die vermiedenen Steuern zurückfordern kann? So geschehen bei den sog. Cum-ex- bzw. Cum-cum-Geschäften in Deutschland ab 2001. Es wurden Wertpapiere zwischen Geschäftspartnern schnell mehrmals hin- und wieder zurückgehandelt, sodass es am Ende möglich war, die Kapitalertragsteuer zurückzufordern, ohne sie je gezahlt zu haben. Das war sogar legal, aber nur, weil kein Gesetz diese Art von Diebstahl vorhergesehen hatte.

Das Kernproblem ist, dass ohne jede Haftung und Verantwortung Bank- und Fondsmanager mit fremdem Eigentum spekuliert haben.

Gesetze sind keine spielerische Aufforderung die Lücken in ihnen zu suchen und zu finden – irgendjemand wird immer zu kurz kommen und beeinträchtigt werden, wenn ich meinen Reichtum ohne meinen Einsatz, ohne meine Arbeit vermehre. Es mag nicht meine direkte Angestellte sein, aber vielleicht doch die Kinder in der Kobaltmine, die nicht anders können, als dort zu arbeiten, weil ihre Familien so verarmt sind, dass sie das Geld einfach benötigen, um zu überleben.

Gott hat alles geschaffen, damit wir es sinnvoll benutzen, aber solange wir die Dinge nicht als „unsere" bezeichnen, übernehmen wir keine Verantwortung dafür. Eigentum und Haftung müssen zusammenkommen und somit eine Haltung von Verantwortung erzeugen. Das aber ist kein Automatismus und der „Markt" wird es nicht regeln, denn auch der liberale Kapitalismus lebt von den moralischen Vorprägungen seiner Teilnehmer, die er nicht erzeugen kann. Lassen wir die Dinge laufen und orientieren uns nicht an unserem gottgegebenen Auftrag, als gute Verwalter verantwortlich mit unserer Mitschöpfung umzugehen, dann werden die Lautesten, Egoistischsten und Stärksten gewinnen und alle anderen hinter sich lassen.

Rufmord und Fake News

2. Mose 20,16

9

EINSTIEG

(15–20 Minuten)
Wählen Sie bitte eine oder zwei Fragen aus.

1. Fallen Ihnen Beispiele zu übler Nachrede ein? Welche Absichten vermuten Sie hinter übler Nachrede? (Luther: „Was heißt nachreden? Dem Nächsten hinter dem Rücken Übles nachsagen und seine Worte und Werke giftig deuten und böslich verdrehen.“)
2. Welche Konsequenzen können Lügen für andere Menschen haben (also nicht für die Lügner selbst)?

BIBELTEXT

20,16 Du sollst keine falsche Aussage über deinen Mitmenschen machen.

BIBELGESPRÄCH

(30–40 Minuten)
Wählen Sie ggf. unter den Fragen aus.

1. Welche Situationen stellen Sie sich vor, in denen dieses Verbot anzuwenden wäre?
2. Etwas wörtlicher könnte man übersetzen: *„Du sollst nicht als falscher Zeuge gegen deinen Nächsten aussagen.“* Das hebräische Wort, das hier im Allgemeinen mit „Zeuge“ übersetzt wird, kann durchaus auch den „Ankläger“ meinen. Welche Zielrichtung sehen Sie in dem Verbot? Siehe auch die Erläuterungen.
3. Lesen Sie 5 Mo 19,15-19. Wie weit würden Sie dieses Gebot über den Gerichtsfall hinaus ausdehnen und evtl. ganz allgemein „lügen“ miteinbeziehen (so z. B. Luther im Katechismus)? Was spricht dafür, was dagegen?
4. Lesen Sie 1 Kön 21 als Beispielerzählung in Verbindung zu diesem Verbot. Fallen Ihnen noch andere biblische oder auch selbst erlebte Beispiele ein?
5. Welche Haltung in Bezug auf das Miteinander in der Gesellschaft sollte jemand entwickeln, der dieses Verbot ernst nimmt?

AUSTAUSCH

(15–30 Minuten) Wählen Sie ggf. unter den Fragen aus. Sie können das Gespräch mit einem gemeinsamen Gebet abschließen.

1. Wenn man nicht nur falsches Zeugnis vermeiden will, sondern etwas Positives dagegensetzen will ... Wie würden Sie das Verbot zu einem Gebot umformulieren?
2. In der Welt von Facebook, Instagram, Twitter etc.: Sehen Sie hier Anwendungsbereiche für dieses Verbot?

KONKRETE SCHRITTE

Entscheiden Sie, was Sie in der kommenden Woche ganz praktisch tun wollen.

1. Wie wäre es, wenn Sie sich mit ein paar Mitchristen zusammentäten, sich über gute Umgangsformen in Social Media informierten und ganz aktiv einen Gegenpol zu üblicher negativer Kommunikation in diesen Medien setzten? Versuchen Sie doch mal in den Kanälen, in denen Sie unterwegs sind, die Atmosphäre zu ändern – zum Positiven.
2. Was möchten Sie nach der Beschäftigung mit 2 Mo 20,16 besonders festhalten? Was möchten Sie konkret in die Praxis umsetzen – im Blick auf Ihre Einstellungen, Ihr Denken, Ihre Worte und Ihr Handeln?

____

____

ERLÄUTERUNGEN

Das Verbot der Falschaussage (20,16) will den Wert der Aufrichtigkeit wahren und damit **vor Rufschädigung schützen.**

Der/die „Nächste"

Zusammen mit dem folgenden Vers wird der „Nächste" vier Mal genannt, womit bereits die Zielrichtung dieses Abschnitts ausgedrückt wird. Der Nächste ist eine Person, mit der ich eine persönliche (wie auch immer geartete) Beziehung habe. Nicht nur der Mitmensch, den ich mag, oder der mit mir in einer engen familiären, freundschaftlichen oder geschäftlichen Beziehung steht. **Die Situation, an die hier gedacht werden soll, ist also die ganz persönliche Konstellation, die alle Menschen einbezieht, die sich kennen und vielleicht sogar täglich begegnen.** Die dörflichen und kleinstädtischen sozialen Strukturen mit ihrer sehr geringen Mobilität bedingten, dass man einander über lange Zeiträume und teils Generationen kannte und entsprechende Geschichten und Erlebnisse miteinander teilte. In solchen engen Beziehungsgeflechten ist Rufmord tatsächlich eine große Gefahr, da man nicht ohne Weiteres irgendwo anders einen Neuanfang starten konnte. In der heutigen Anonymität großer Städte sind die Beziehungsgeflechte nicht so eng, was es für die Opfer übler Nachrede einfacher macht. Aber andererseits übernehmen die aktuellen sog. sozialen Medien ganz ähnliche Funktionen **sozialer Ausgrenzungsmuster** – mit den entsprechenden psycho-sozialen Folgen, die sich immer wieder auch in den Suizidstatistiken widerspiegeln.

Der dem vorletzten Gebot unterliegende Konflikt ist schon ein paar Eskalationsstufen höher angekommen, da ja bereits das Gericht angerufen wurde (siehe nächsten Abschnitt zum Lügen). Wahrscheinlich ist einiges an **Zerrüttung und entsprechender Emotionalität vorauszu-**

setzen, was dieses Gebot aus dem abstrakten Nachdenken über Wahrheit und Unwahrheit heraushebt.

Die Problematik, die mit diesem Verbot angesprochen wird, wird biblisch vor allem in den Klagepsalmen thematisiert. Diese hoch emotionalen poetischen Texte zeigen die eigentlichen **Folgen übler Nachrede aus der Perspektive der Opfer** auf. Lügen kann Personen von innen her zerstören. Die folgenden Beispiele in ihrem jeweiligen Kontext zu lesen, macht deutlich, welche psychosomatischen Leiden üble Nachrede verursachen kann:

- „Ich aber bin kein Mensch mehr, nur noch ein Wurm, zum Spott der Leute bin ich geworden, das ganze Volk verabscheut mich. Alle, die mich sehen, verhöhnen mich, sie verziehen den Mund und schütteln den Kopf" (Ps 22,7f).
- „Verstummen muss jedes Lügenmaul, das mit Stolz und Verachtung frech gegen den redet, der nach dem Willen des HERRN lebt" (Ps 31,19).
- „Lass nicht zu, dass meine Feinde sich noch länger über mich freuen! Sie, die mich ohne Grund hassen, sollen nicht mehr hämisch die Augen verdrehen" (Ps 35,19).
- „Von Feinden bin ich umzingelt, sie sind wie Löwen, die Menschen verschlingen. Ihre Zähne sind spitz wie Speere und Pfeile, und ihre Zunge gebrauchen sie wie ein scharfes Schwert" (Ps 57,5).
- „Denn meine Feinde reden schon das Schlimmste über mich, und die mir nach dem Leben trachten, beraten sich. Sie sagen: ‚Gott hat ihn verlassen! Verfolgt und ergreift ihn, denn keiner ist da, der ihm hilft!'" (Ps 71,10f).

Die Verspottung Jesu am Kreuz (Mk 15,25-32) ist ein grausames Beispiel für die Zerstörung durch soziale Missachtung, die Worte beabsichtigen können.

Lügen?

Mit einer falschen Aussage werden normalerweise eigene Vorteile verfolgt, die auf Kosten des Beschuldigten gehen, vor allem, was sein Recht und seine Würde angeht, aber auch materielle Konsequenzen haben kann. Häufig wird hier allgemein vom Verbot des Lügens gesprochen, was den Fokus auf den Kontrast Wahrheit – Lüge lenkt.

In V. 16 geht es um die Person, die mit ihrer **Falschaussage vor Gericht** den Schaden des anderen und den eigenen Profit bezweckt. Das hebräische Nomen für „Zeuge", welches im Original vorkommt, ist eindeutig aus dem Gerichtskontext entnommen. Es kann ein verantwortungsvoller Zeuge sein, der die Wahrheit zur Situation aussagt (Spr 14,25), oder jemand, der falsch aussagt (Spr 6,19; 5 Mo 19,18). Auch das verwendete Verb gehört zum gerichtlichen Kontext und bezeichnet das Antworten im Rahmen von Anklage und Verteidigung. Es geht also **ganz konkret um eine Lüge vor Gericht,** die dazu führen soll, dass dem Beschuldigten (mittelbar durch das Gerichtsverfahren) geschadet wird.

Wieder kann 1 Kön 21 als exemplarische Erzählung zur Illustration herangezogen werden. Der Justizmissbrauch durch Isebel führt zu Mord und wird als ethischer Abgrund geschildert. In den Klagepsalmen wird immer wieder Verleumdung als konkreter Vorwurf gegenüber den „Feinden" genannt (z. B. Ps 4; 5; 7; 12; 17; 27; 109). Die Ernsthaftigkeit und damit die potenzielle grundlegende Gefährdung des gesellschaftlichen Zusammenhangs durch Falschaussagen werden in allen vorderorientalischen Kulturen betont. In 5 Mo wird als **Konsequenz** für entdeckte Falschaussage das genannt, mit dem der Aussagende seinen Gegner schädigen wollte (19,19). Dies ist parallel zu den Gesetzen des Hammurabi, in denen bestimmt wird, dass bei einer Falschanklage, die eine Todesfolge hätte, der Ankläger getötet werden muss.

Der enge Rahmen der Gerichtsverhandlung wurde allerdings bereits durch Hos 4,2 verlassen, der ein weiteres Verb nutzt („lügen"). Auch 3 Mo 19,16 denkt über den (auch dort vorhandenen) Gerichtskontext hinaus und nennt üble Nachrede, die eine Rufschädigung des Nächsten zum Ziel hat. Das Verbot der Falschaussage betrifft also zunächst das **Lügen, mit der Absicht zu schädigen.** Spätere Erweiterungen bezogen auf allgemeines Unwahrheitsagen sind vielleicht hier angelegt, aber nicht zwangsläufig. So kann es in Dilemma-Situationen durchaus ethisch geboten sein, die Wahrheit nicht zu sagen, d. h. zu lügen, wenn dadurch größeres Unheil abgewehrt werden kann. Dennoch ist Lügen im Regelfall mindestens unweise und kann ungewollte Konsequenzen nach sich ziehen. Dies wäre aber eher eine Diskussion bei der Lektüre des alttestamentlichen Sprüchebuchs.

Fake News ...

Fragt man danach, wie man das Verbot ins Positive wenden kann, so könnte man betonen, wie wichtig die wahrhaftige Zeugenaussage ist, um Ungerechtigkeit und Rechtlosigkeit zu bekämpfen. Damit ist es ein wichtiger Beitrag zur Stabilisierung der Gesellschaft und einer gesunden, förderlichen, gesellschaftlichen Atmosphäre. Die unter anderem durch die modernen sozialen Medien offenbar gewordene (vielleicht sogar strukturell geförderte) **Verrohung der Umgangsformen** inklusive der meist ungestraft eingesetzten Falschaussage (Fake News) gegenüber nicht gewünschten Personen oder Personengruppen zeigt deutlich, welche gesellschaftliche Gefahr in der Missachtung dieses Verbots liegt. Man kann sich nur sehr schwer gegen Verleumdung wehren – meist bleibt auch „was hängen" von dem Schmutz, mit dem man beworfen wurde.

Dieses Gebot hat heute eine massive Bedeutung für die Umgangsformen in einer auseinanderdriftenden Gesellschaft. Unklare Gefühle, gefühlte Wahrheiten, Vermutungen und pauschalisierende Zuschreibungen oder Verdächtigungen zerreiben unsere Gesellschaft. Menschen werden schnell nach völlig zufälligen Merkmalen in Schubladen einsortiert, die ihnen zunächst Stempel aufdrücken, gegen die sie sich nicht wirklich wehren können. Dann werden sie zu Zielscheiben anderer Vorwürfe, zuletzt stehen sie in Gefahr, den gesamten Hass ihrer Ankläger auch körperlich zu erfahren. Viele **Verschwörungsmythen** arbeiten mit solchen generalisierten Zuschreibungen, bedienen sich oft jahrhundertealter Muster ihren Feinden gegenüber. Vor allem Juden sind seit langer Zeit solchen Zuschreibungen ausgesetzt. Die ungeahnt große Reichweite jeglicher Anklage in den sozialen Medien kann Schäden verursachen, die kaum wieder einzufangen sind. Vor diesem Hintergrund wird die Vehemenz, mit der das Alte Testament gegen Falschaussagen vorgeht, gut verständlich.

Bernd Janowski schlägt eine interessante Übung vor, die verdeutlicht, welch große Auswirkungen unser Reden über unsere „Feinde" haben. Man sollte folgenden Gedanken von Max Frisch einfach mal umkehren und statt „lieben" das Konzept „verachten/hassen" einsetzen:

„Wir wissen, daß jeder Mensch, wenn man ihn liebt, sich wie verwandelt fühlt, wie entfaltet, und daß auch dem Liebenden sich alles entfaltet, das Nächste, das lange Bekannte. Vieles sieht er wie zum ersten Male. Die Liebe befreit es aus jeglichem Bildnis. Das ist das Erregende, das Abenteuerliche, das eigentlich Spannende, daß wir mit den Menschen, die wir lieben, nicht fertigwerden: weil wir sie lieben; solang wir sie lieben" (M. Frisch, Tagebuch 1946-1949, München/Zürich 1965, 26ff zitiert in Janowski, B. Dem Löwen gleich, gierig nach Raub: Zum Feindbild in den Psalmen, in: Evangelische Theologie, 55 (1995) 155–173, 155).

„Mit dem Bild, das wir uns vom ‚Feind' machen, projizieren wir nicht nur das Böse und Hässliche in ihn hinein, sondern tun auch alles, daß es dort verbleibt und der Feind darauf fixiert wird. Mit dem verhaßten Gegner ist man dann schnell fertig" (B. Janowski, ebd.). Wenn man entsprechend über seinen „Nächsten" redet, so schafft man „Feinde" erst. Die üble Nachrede schafft eine Wirklichkeit, in der sich der „Täter" wohlfühlen kann, denn dann hat der andere kein Anrecht mehr auf Fairness oder gar auf eigene Verteidigung, – das Urteil ist gesprochen, zumindest psychologisch.

Der **Gegenpol der üblen Nachrede,** die zu Entwürdigung und Entrechtung führt, muss konkrete Wahrheit sein. Wir müssen die einzelnen Menschen je für sich betrachten. Wir müssen Pauschalisierungen als solche benennen und einander zuhören, auch bei denen nachfragen, die so gerne mit solchen pauschalen Zuschreibungen ihre Argumente versuchen zu belegen, welche konkreten Erfahrungen sie gemacht haben. Wir müssen diffuse Gefühle und Vorstellungen klären, damit wir Feindbilder abbauen und ihre Zerstörungskraft brechen. Liebe und Freundschaft, rechtliche Anerkennung und soziale Wertschätzung sind allesamt Gegenpole zur Verleumdung des Nächsten – dies alles lässt sich aber nur leben, wenn man von sich selbst und dem eignen Vorteil absieht.

Hätte ich gerne ...

2. Mose 20,17

10

EINSTIEG

(15–20 Minuten)
Wählen Sie bitte eine oder zwei Fragen aus.

1. Wer war schon einmal neidisch auf jemand anderen? Wozu hat Sie der Neid motiviert?

2. Wie würden Sie den Prozess von „haben wollen“ bis zu „nehmen“ unterteilen und beschreiben?

BIBELTEXT

20,17 Du sollst nicht begehren, was deinem Mitmenschen gehört. Gib der Begierde danach keinen Raum, ganz gleich, ob es sich um seine Frau, seine Knechte und Mägde, seine Rinder und Esel oder um irgendetwas anderes handelt.

BIBELGESPRÄCH

(30–40 Minuten)
Wählen Sie ggf. unter den Fragen aus.

1. Ist „begehren“ an sich negativ? Vgl. auch 4 Mo 11,4.34; 2 Sam 23,15; Spr 13,4). Ab wann wird begehren problematisch?

2. Warum werden ausgerechnet diese Beispiele von Begehrenswertem genannt? Vgl. auch 5 Mo 5,12.

3. Was genau versucht dieses Verbot zu schützen? Bedenken Sie auch, dass ein menschlicher Richter hier keine Handhabe hat.

AUSTAUSCH

(15–30 Minuten)
Wählen Sie ggf. unter den Fragen aus. Sie können das Gespräch mit einem gemeinsamen Gebet abschließen.

1. Wenn Sie das Verbot für heute umformulieren würden: Wie sähe Ihre Beispielliste aus?

2. Empfinden Sie dieses Ende der Zehn Gebote als Höhepunkt oder eher als „dazu musste halt auch noch was gesagt werden“?

3. Die Liebe zum Nächsten (vgl. Lk 10,27 oder Röm 13,9) umfasst auch dieses Verbot. Was könnte man in diesem Sinne Positives tun, um seine Nächsten zu lieben?

KONKRETE SCHRITTE

Entscheiden Sie, was Sie in der kommenden Woche ganz praktisch tun wollen.

1. Schopenhauer soll gesagt haben: „In Deutschland ist die höchste Form der Anerkennung der Neid.“ Geht das auch besser? Könnten wir als Christen eine Gegenkultur prägen? Wie sähe die aus? Setzen Sie doch in den nächsten Tagen diese neue Kultur einmal in die Praxis um!

2. Was möchten Sie nach der Beschäftigung mit 2 Mo 20,17 besonders festhalten? Was möchten Sie konkret in die Praxis umsetzen – im Blick auf Ihre Einstellungen, Ihr Denken, Ihre Worte und Ihr Handeln?

ERLÄUTERUNGEN

Wollen und/oder tun?

Das Verbot des Begehrens (20,17) zielt ebenfalls auf den direkten Umgang mit dem Nächsten ab. Die beiden Sätze beginnen jeweils mit demselben Verb und gehören daher unmittelbar zusammen. Wieder, wie beim vorangehenden Verbot, geht es um **eine Einstellung, die allerdings hier noch nicht zur Tat kommt**.

Es gibt eine lange Diskussion dazu, inwiefern hier nicht doch an zur Tat kommendes Wollen gedacht wird – im Sinn von „die Hand ausstrecken nach ...“ Für Letzteres wird Ps 68,17 als Beleg genannt (oder auch der etwas schwierig formulierte Satz in 2 Mo 34,24). Andere Vorkommen desselben Verbs legen eine Trennung des vorbereitenden Gedankengangs und der folgenden Tat nahe: 5 Mo 7,25; Jos 7,21; Mi 2,2. Das Auge fällt auf etwas; man urteilt, dass es begehrenswert sei; das Begehren wächst und nimmt Raum ein, wird dominant. Dann wird es irgendwann zu einer Obsession, d. h. zu einer Zwangsvorstellung, und erste Pläne werden gemacht. Wieder eignet sich die Erzählung in 1 Kön 21 als abgründiges Beispiel.

Das Begehren beschreibt einen Weg, der letztlich zur Tat führt; eine Gedankenwelt, die zur Realität wird. Bereits diesen gerichtlich ungreifbaren, aber psychologisch dennoch sehr realen Schritt gilt es zu vermeiden. Gott fordert laut 1 Mo 4 Kain genau dazu auf: die vor seiner Tür lagernde Sünde zu beherrschen und sich nicht von ihr beherrschen zu lassen. Gott beachtet das Herz (im altorientalischen Menschenbild der Ort des Wollens) und verweist auf die sich ergebenden Handlungen (die NGÜ übersetzt das hebräische Wort für Herz hier jeweils sinngemäß korrekt): 1 Mo 6,5 („Der HERR sah, wie viel Unheil die Menschen überall auf der Erde anrichteten. Bei all ihrem Denken und Planen kam stets nur Böses heraus“); 20,6 („‚Das weiß ich‘, sagte Gott im Traum zu ihm, ‚deshalb habe ich selbst dich davon abgehalten, mein Gebot zu übertreten, und nicht zugelassen, dass du sie anrührst‘“); 3 Mo 19,17 („Trage keinen Groll gegen deinen Mitmenschen mit dir herum. Wenn du etwas gegen jemanden hast, dann weise ihn offen zurecht, sonst machst du dich seinetwegen schuldig“); 1 Sam 16,7 („Denn [der HERR sieht] nicht auf das, worauf der Mensch sieht. Denn der Mensch sieht auf das, was vor Augen ist, aber der HERR sieht auf das Herz“ ELB); Jes 10,7; 29,13 („Weil dieses Volk mit seinem Mund sich naht und mit seinen Lippen mich ehrt, aber sein Herz fern von mir hält und ihre Furcht vor mir [nur] angelerntes Menschengebot ist ...“ ELB); 59,7; Hes 38,10 („Und es wird geschehen an jenem Tag, da werden Dinge in deinem Herzen aufsteigen, und du wirst einen bösen Plan schmieden“ ELB) ... Und auch im Neuen Testament: Mt 5,8 („Glücklich zu preisen sind die, die ein reines Herz haben; denn sie werden Gott sehen“); 27f („Ihr wisst, dass es heißt: ‚Du sollst nicht die Ehe brechen!‘ 28 Ich aber sage euch: Jeder, der eine Frau mit begehrlichem Blick ansieht, hat damit in seinem Herzen schon Ehebruch mit ihr begangen“); 9,4 („Jesus waren ihre Gedanken nicht verborgen. ‚Warum denkt ihr Böses in eurem Herzen?‘, fragte er sie“); 12,34 („Wie solltet ihr auch Gutes reden können, wo ihr doch böse seid? Denn wie der Mensch in seinem Herzen denkt, so redet er“).

Es wird deutlich, dass das Begehrensverbot aus einer tiefen Menschenkenntnis heraus formuliert wurde. **Begierde ist letztlich Egoismus, eine Dynamik, die im Eigentum den Reichtum oder in der Wahrheit die Macht sucht**. Eigentlich gute und schöne Dinge werden in der Begierde zum Ausdruck der menschlichen Neigung, sie für sich selbst zu wollen oder zum eigenen Vorteil einzusetzen.

Es geht dabei nicht darum, dass das Schön- oder Begehrenswertfinden an sich moralisch verwerflich wäre, sondern es geht um den **Wunsch der unrechtmäßigen Aneignung.** Dabei ist es unerheblich, ob die Mittel, die jemand zum Erfüllen seines Begehrens einsetzen würde, legal sind oder nicht.

Im rabbinischen Judentum finden sich folgende Aussagen hierzu:

„Wie soll man eine schöne Sache nicht begehren? Ich erkläre das Verbot durch einen Vergleich: Wie ein kluger Dorfbewohner eine schöne Prinzessin nicht begehrt, weil er weiß, dass sie ihm nie gehören wird – all seine Klugheit trägt sie ihm nicht zu! – , so begehre man nicht, was einem anderen gehört. Jeder besitzt, was Gott ihm zuteilt, und er freue sich mit seinem Teil“ (R. Ibn Esra).

„Das Verbotene sei dir unerreichbar. Das Unerreichbare begehrt das Herz nicht“ (R. Sforno; beide zitiert bei R. Gradwohl, Bibelauslegungen aus jüdischen Quellen, Stuttgart 2002, Bd. 2; 84).

Begierde **ist also unvernünftig, weil sie sich auf Dinge richtet, die einem nicht zustehen.** Ästhetische Schönheit oder praktische Nützlichkeit sind attraktiv, also anziehend. Dass Schönes und Nützliches nicht verteufelt wird, entspricht zutiefst der positiven Weltanschauung des Alten Testaments. Dass Schönheit auch Begehren wecken kann, macht sie noch nicht verwerflich. In der Geschichte der Philosophie und auch des Christentums wurde das immer wieder auch anders gesehen: Nur weil Dinge, Menschen oder Gedanken Begierde wecken, wurden sie als böse verstanden. Das liegt meistens in der Geringschätzung von materiellen Dingen oder leiblichen Gegebenheiten. Das eigentlich Wertvolle sei alles Geistliche. Diese Sicht kommt sicher nicht aus der Bibel, sondern eher aus platonischer Philosophie. Biblisch verstanden **spiegelt die Schönheit der Welt ihren Schöpfer und nicht die Fallen des Versuchers.**

Es wird im letzten Gebot etwas angesprochen, das außerhalb des gerichtlich Erfassbaren ist. Kein menschlicher Richter kann jemanden für seine Gedanken oder Emotionen verurteilen. Dazu bräuchte es eine konkrete Tat oder die klar erkennbare und konkret geplante Absicht, also erste Schritte dahin, ein Verbrechen zu begehen. Damit geht dieses Verbot eindeutig in den moralisch-ethischen Bereich und verlässt den rechtlichen. Doch gerade hier erweist sich vorbeugender Handlungsbedarf: Die Würde und der Besitz des Mitmenschen sind zu achten. Damit wird eine der Grundlagen einer funktionierenden und solidarischen Gesellschaft gelegt. Ein Rechtsstaat bedarf eines moralischen Fundaments, welches er selbst nicht schaffen kann.

„… was deinem Mitmenschen gehört“

Hier steht eigentlich „Haus deines Nächsten“. Die NGÜ übersetzt sinngemäß korrekt, da die folgende Liste **einzelne Aspekte des Hauses**, welches aus der erweiterten Familie und auch dem Besitz besteht, exemplarisch nennt. Im Allgemeinen geht es also um das, was einem Menschen ein selbstständiges Leben ermöglicht.

Frau, Knechte und Mägde, Rinder, Esel …

Die einzelnen Objekte der Begierde werden exemplarisch genauer aufgezählt. In 2 Mo wird die Frau in einem Atemzug mit den anderen Objekten genannt. Das ist in 5 Mo anders, wo zunächst nur die Frau allein genannt wird und dann, eingeführt mit einer Wiederholung des Verbs, die anderen Objekte. Dies entspricht der Eigenart von 5 Mose, die Ehefrau als gleichberechtigte Partnerin zu verstehen. Dass die Version in 2 Mose das Gegenteil behaupten würde und die Ehefrau lediglich als Besitz oder Arbeitskraft verstehen würde, ist keinesfalls zwingend. Hier wird nur eine Reihe angeführt.

Dass es in diesem Gebot um jeglichen Besitz geht, macht der alles umfassende Abschluss deutlich („irgendetwas anderes“). Es gibt ähnliche, anscheinend traditionelle Dreierreihen aus Kulturen der damaligen Zeit: „Frau, Haus, Weinberg“; „schöne Wohnung, schöne Frau, schöne Kleider“; „ein marokkanisches Schwert, eine hübsche Frau, ein schönes Dromedar“.

Ins Positive gewendet legt dieses Verbot nahe, dass man den anderen als Mitmenschen und Nächsten in seiner Würde ernst nehmen soll, indem man das achtet, was ihm etwas wert ist.

All-inclusive?

Luther geht in seinem Katechismus noch einen weiten Schritt weiter und schließt **alle Abkehr von sündigen Begierden und Neigungen** ein, damit das Herz vollkommen heilig und rein sein solle. Dies geht allerdings über das eigentliche Verbot hinaus – auch wenn es natürlich ein visionäres gutes Ziel ist.

Die wohl bekannteste Aufnahme des letzten Verbots finden wir bei Paulus in Röm 7,7-25: „Ist das Gesetz denn im Grunde genommen Sünde? Niemals! Aber ohne das Gesetz hätte ich nicht erkannt, was Sünde ist. Ich hätte nicht begriffen, was Begierde ist, wenn das Gesetz nicht sagen würde: „Gib der Begierde keinen Raum!“ (V. 7).

Bereits in 7,5 redet Paulus von „sündigen Leidenschaften“. Mit der Begierde zusammen sind die Leidenschaften bei Paulus klar negativ gewertet und eng verbunden mit der „fleischlichen“ Existenz, der natürlichen Tendenz hin zur Sünde (Röm 6,12; Gal 5,16f.24). Der „alte Mensch“ ist für Paulus ganz allgemein der Sünde und dem Tod verfallen und deswegen konnte er das Begehrenswerte (Haus, Frau ...) weglassen. Das Argument von Röm 7 ist komplex und kann hier nicht ausführlich besprochen werden, doch ist Paulus auf jeden Fall davon überzeugt, dass man **an der Begierde besonders gut zeigen kann, dass auch die Juden (das viel diskutierte „Ich“ des Kapitels) zu den Sündern gehören,** also ebenfalls diese Grundgesinnung des „alten Menschen“ haben. Die Sünde habe sich strategisch zusammen mit dem Gesetz eingemogelt und verrichtet nun ihr zerstörerisches Werk an uns. **Das alttestamentliche Gesetz ordnet zwar so einiges an, kann aber nicht das produzieren, was es anordnet, und auch nicht das liefern, was es verspricht: das Leben (7,10).** Das kann nur der Geist Gottes (7,24f). Weil aber selbst die Israeliten/Juden, wie alle anderen auch, sündigten, brachte das Gesetz ihnen den Tod, die Konsequenz der Sünde. Die Begierde ist für Paulus der Ursprung der Sünde: Im Sündenfall begehrte der Mensch Gott gleich zu sein, und außerdem motiviert die Begierde zu allen möglichen Handlungen, sich Dinge oder Menschen anzueignen. Sie steht exemplarisch für das Nichthalten der Gebote.

Dieses letzte Verbot öffnet also den großen Horizont: Begierde als Kern der Sündhaftigkeit des Menschen steht bei Paulus für den Dekalog, der quasi für das alttestamentliche Gesetz schlechthin steht. Damit **kann Begierde als Symbol für allen Ungehorsam gegenüber dem Gesetz stehen.** Paulus und Luther gehen in ihren Gedanken über den Dekalog hinaus. Luther wird dabei teils recht kreativ und bezieht, pädagogisch sicherlich sinnvoll, konkrete Dinge mit in seinem Katechismus ein, die so im Dekalog nicht vorkommen. Auslegung ist das dann nicht, wohl aber Anwendung. Paulus geht eher philosophisch vor und will im Prinzipiellen ankommen. Dabei verliert er sich aber nicht in spekulativer Moralphilosophie, sondern verfolgt eine ganz konkrete Absicht mit seinem Brief an die Römer: Er will zeigen, dass es keinen privilegierten Zugang zu Gott gibt. Weil alle gleichermaßen der Sünde verfallen sind, müssen sich auch alle, wenn sie zu Gott gehören wollen, an Jesus halten. An dem führt kein Weg vorbei – auf viele andere Dinge kann man verzichten (Beschneidung, Speisegesetze ...).

Wenn wir Paulus ernst nehmen und annehmen, dass Begierde eine grundlegende Sache ist, dann sollten wir immer wieder ins Konkrete gehen – so, wie es das Zehnte Gebot tut: Es geht um ein Haus, um die hübsche Frau des Nachbarn, um den guten Job des Kollegen, die lockere und anziehende Art der Freundin. **Im Konkreten überführt Gott uns, und genau da macht es den Unterschied.**

Es gibt so manches, was **nicht in den Zehn Geboten konkret angesprochen** wird. Wirtschaftsrecht, Kriegsrecht oder internationale Beziehungen – alles Dinge, die bereits in der Antike eine große Rolle gespielt haben. Das sollte uns davor bewahren, den Zehn Geboten mehr Last aufzulegen, als sie ursprünglich tragen sollten. Wenn wir nahe am ursprünglich Gemeinten dranbleiben, können sie durchaus herausfordernd konkret sein. Eine zu verallgemeinernde Auslegung kann sie auch weichwaschen. Damit ist niemandem gedient – es sei denn, man will ihrem Anspruch entgehen.

Die Dinge, die in den Zehn Geboten angesprochen werden, legen einen großartigen Rahmen für das Ausbilden einer **ethisch-moralischen Grundlage für das Zusammenleben im Gottesvolk.** Davon können auch nicht antike und nicht jüdische Leser profitieren, auch wenn die Zehn Gebote nicht direkt für diese gesagt wurden. Dass diese Gebotsreihe eine weite und tiefe Wirkungsgeschichte hat, wird jeder Rechtshistoriker detailliert beschreiben können. Wie gut, dass Gott sich nicht bezüglich seiner Werte in Schweigen gehüllt hat!

LEBENDIGE KLEINGRUPPEN

In der Reihe SERENDIPITY**BIBEL** sind bisher erschienen:

Abraham
ISBN 978-3-7655-0791-5

Josef
ISBN 978-3-7655-0795-3

Die Zehn Gebote
ISBN 978-3-7655-0819-6

David
ISBN 978-3-7655-0796-0

Elia
ISBN 978-3-7655-0798-4

Nehemia
ISBN 978-3-7655-0807-3

Hiob
ISBN 978-3-7655-0797-7

Psalmen**
ISBN 978-3-7655-0809-7

Weisheit der Bibel
Sprüche* und Prediger**
ISBN 978-3-7655-0776-2

Jesaja
Jesaja 1–12
ISBN 978-3-7655-0793-9

Hosea
ISBN 978-3-7655-0775-5

Gottesbegegungen im Alten Testament
ISBN 978-3-7655-0772-4

Frauen im Alten Testament
ISBN 978-3-7655-0777-9

Der verheißene Retter
Jesus durch das Alte Testament kennenlernen
ISBN 978-3-7655-0799-1

Die Ich-bin-Worte*
Jesus über sich selbst
ISBN 978-3-7655-0825-7

Die Gleichnisse
ISBN 978-3-7655-0781-6

Die Bergpredigt*
ISBN 978-3-7655-0827-1

Begegnung mit Jesus*
Stationen seines Wirkens
ISBN 978-3-7655-0821-9

Die Wunder*
ISBN 978-3-7655-0820-2

Das Markusevangelium*
ISBN 978-3-7655-0829-5

Die Apostelgeschichte*
ISBN 978-3-7655-0830-1

Der Brief an die Römer*
ISBN 978-3-7655-0822-6

Epheserbrief/Philipperbrief*
ISBN 978-3-7655-0823-3

Kolosserbrief/Philemonbrief*
ISBN 978-3-7655-0831-8

Die Briefe an die Thessalonicher*
ISBN 978-3-7655-0832-5

Der Jakobusbrief*
ISBN 978-3-7655-0810-3

Die Petrusbriefe*
ISBN 978-3-7655-0778-6

Die Offenbarung*
ISBN 978-3-7655-0824-0

Der Heilige Geist*
ISBN 978-3-7655-0828-8

Das Vaterunser
ISBN 978-3-7655-0773-1

Die Ihr-seid-Worte*
ISBN 978-3-7655-0808-0

SERENDIPITY**THEMA**

Gerecht vor Gott*
Schlüsseltexte des Glaubens
ISBN 978-3-7655-0774-8

Wofür Luther kämpfte*
Die Kernthesen der Reformation
ISBN 978-3-7655-0805-9

Der Gott, der uns nah ist*
Mit allen Sinnen Gott begegnen
ISBN 978-3-7655-0806-6

Muslime verstehen*
Wie Begegnung gelingen kann
ISBN 978-3-7655-0817-2

Das Geschenk des Glaubens feiern*
Von Advent bis Ewigkeitssonntag
ISBN 978-3-7655-0818-9

Die mit * gekennzeichneten Hefte verwenden den Bibeltext der „Neuen Genfer Übersetzung" (NGÜ), alle anderen den Text der Übersetzung „Hoffnung für alle"; ** Text aus Lutherbibel.